Kommunikation in Beziehungen

- Soforthilfe -

137 praktische Hinweise und Übungen.
Wie Sie mit der richtigen Sprache Ihre
Partnerschaft verbessern, vertiefen oder
sogar retten können

Sigmund Ambrosius

Inhaltsverzeichnis

Einführung...1

Kapitel eins – Das 1 x 1 der Beziehungen................5

Die wichtigsten Bedürfnisse, die jede
Beziehung erfüllen muss....................................6

Die fünf Stadien einer Beziehung........................13

Kapitel zwei – Die Diagnose..............................21

Sechs deutliche Anzeichen dafür, dass Sie
und Ihr Partner besser kommunizieren
müssen...21

Die sechs Gründe dafür, dass wir nicht
kommunizieren...24

Die zehn Kommunikationsfehler, von denen
Sie nicht wissen, dass Sie sie machen................26

**Kapitel drei – Gewohnheiten zum
Glücklichsein**...33

Neun Kommunikationsgewohnheiten,
die Beziehungen retten......................................34

Alles über die 80/20-Regel..................................40

Messen Sie Ihr Glück mit der magischen
Beziehungsformel..41

Hören Sie auf, wegen dieser sechs
„Probleme" auszuflippen...................................42

Kapitel vier – Liebe auf jede Weise 49

Alles, was Sie über Liebessprachen
wissen müssen 50

Wie Sie nonverbale Kommunikation zu
Ihrem Vorteil nutzen 54

Weniger bekannte, aber wirkungsvolle
Wege, Ihrem Partner Liebe zu zeigen 56

Kapitel fünf – Ihren Partner entschlüsseln 63

Die besonderen Bedürfnisse Ihres
Partners verstehen 64

Fünf absolut notwendige Dinge, die Sie tun
sollten, wenn Ihr Partner ein Trauma erlebt hat 69

Kapitel sechs – Es geht nur um Sie 75

Wie Sie sofort ein besserer Partner werden 76

Ihren Bindungsstil in der Beziehung
verstehen 82

Wissenswerte Tipps für den Beginn einer
neuen Beziehung, wenn Sie schlechte
Beziehungen hinter sich haben 86

Kapitel sieben – Die tickende Zeitbombe 93

Wann Sie die Pause- oder Stopp-Taste
drücken sollten 94

Wie Sie Ihre Bedenken richtig äußern 99

Fünf Äußerungen zur sofortigen
Entschärfung einer hitzigen Diskussion 102

Was Sie während eines Streits NICHT
sagen sollten 104

Neun Beziehungsprobleme, die Sie nicht
beheben können.. 106

Kapitel acht – Den Zusammenhalt vertiefen......... 113

Übungen und Aktivitäten zur Stärkung von
Beziehungen 114

Acht lustige Paar-Aktivitäten, die Sie
zusammenschweißen.. 121

Schlussbemerkung.. 127

Quellen und weiterführende Literatur..................... 131

Einführung

Erinnern Sie sich an das erste Mal, als Sie Ihren Partner oder Ihre Partnerin sahen? Es war vielleicht nicht Liebe auf den ersten Blick, und vielleicht nicht einmal auf den zweiten. Aber auf eine Sache wette ich: Sie dachten, ihn oder sie für sich zu gewinnen, wäre die größte Herausforderung. Sie wollten unbedingt auf dieses Date gehen und als Sie es endlich geschafft hatten, fragten Sie sich, was Sie tun könnten, damit Sie ihm oder ihr wirklich gefallen. Jetzt, Monate oder Jahre später, gerade als Sie dachten, es würde alles glatt laufen, haben Sie festgestellt, dass das Puzzle nur noch verwirrender wird. Jetzt merken Sie, dass es einfach war, sie oder ihn für sich zu gewinnen. Glücklich miteinander zu leben, das ist eine ganz andere Sache.

Die Kommunikation war einfach, als es nur um das süße Nichtstun und das Kennenlernen des anderen ging. Jetzt, wo Sie sich nähergekommen sind, haben Sie andere Dinge im Kopf. Sie haben Bedenken, Sie haben unerfüllte Bedürfnisse und Sie haben einige Punkte bemerkt, die Sie gerne in Ihrer Beziehung verbessern würden. Die Chancen stehen gut, dass es Ihrem Partner genauso geht.

Das Problem ist, dass es nie leicht ist, diese Bedenken auszudrücken. Wenn es auf die falsche Weise angegangen wird, könnte es die Gefühle Ihres Partners verletzen und irreparablen Schaden anrichten. Doch wenn Sie sich nicht äußern, kann es passieren, dass sie einfach explodieren und ebenfalls irreparablen Schaden anrichten. Sie fühlen sich ein wenig in die Enge getrieben, nicht wahr? Das kann ich Ihnen nicht verdenken.

In Ihrem Kopf schwirren wahrscheinlich eine Million Fragen herum, wie: „Wie kann ich mit meinem Partner auf die effektivste Weise kommunizieren? Wie kann ich es schaffen, sowohl mein Glück als auch sein oder ihr Glück zu erhalten? Und wie um alles in der Welt kann ich all das erreichen, ohne mich völlig zu verausgaben?"

Selbst wenn Sie bereits eine ziemlich gute Kommunikation haben, warum sich damit zufriedengeben? Greifen Sie nach den Sternen. Ihre Beziehung hat es verdient.

Studien haben gezeigt, dass schlechte Kommunikation einer der Hauptgründe ist, warum eine Beziehung scheitert. Viele dieser Beziehungen hätten gerettet werden können, wenn sie diesen Leitfaden in ihrem Leben gehabt hätten. Eine Beziehung, die wegen schlechter Kommunikation beendet wurde, ist eine Beziehung, die hätte gerettet werden können. Wir alle können lernen, besser zu kommunizieren, egal wie schüchtern oder ineffektiv wir jetzt sein mögen. Alles, was wir brauchen, sind die richtigen Mittel und Motivation. Dass Sie jetzt hier sind, beweist, dass Sie diese Motivation höchstwahrscheinlich bereits besitzen. Gut für Sie. Jetzt brauchen Sie nur noch den Rat eines Experten. Und da komme ich ins Spiel.

Ich habe entscheidende Jahre meines Lebens damit verbracht, die Art und Weise zu studieren, wie Menschen miteinander interagieren – wie man jede Geste oder jeden Blick als Schlüssel zu den wahren Gefühlen und Absichten einer Person nutzen kann. Ich habe die Art und Weise, wie Menschen kommunizieren, genau beobachtet und die Geheimnisse zu ihrem Erfolg und ihrem Scheitern entschlüsselt. Indem ich mich auf die Bedürfnisse der anderen einstelle, habe ich wenig bekannte Tricks entdeckt, die ein angespanntes Verhältnis sofort in ein offenes, liebevolles verwandeln können. Ich habe mir mein Fachwissen angeeignet, indem ich mir bewusst gemacht habe, was funktioniert und was nicht. Ich habe beobachtet, wie sich Beziehungen aufgrund von schlecht formulierten Sätzen verschlechterten, und ich habe gesehen, wie Paare ihre Liebe mit nur wenigen Worten neu entfachten. Ich habe meine Methoden an Paaren getestet, die am Rand des Abgrunds standen, und ich habe beobachtet, wie sie begannen, das Beste aus sich herauszuholen. Noch heute danken mir die Paare, mit denen ich gearbeitet habe. Sie sehen, wenn Sie einmal die richtigen Mittel haben, sind Sie für den Rest des Lebens gerüstet.

Mit meiner Hilfe kommen Sie und Ihr Partner der Vorstellung, die Sie miteinander teilen, einen Schritt näher – der Vorstellung, dass Sie einander alles sagen und absolut jedes Problem gemeinsam lösen können. Sie wissen vielleicht nicht, dass Sie diese Vorstellung teilen, aber Sie tun es. Wenn die Kommunikation angespannt ist, wünschen sich beide Partner verzweifelt, sie würde besser funktionieren. Sie denken vielleicht, dass der andere es nicht bemerkt, aber glauben Sie mir, er bemerkt es genauso sehr wie Sie selbst. Mit meiner Hilfe werden Sie großartige Kommunikation zur neuen Norm machen. Sie werden ein brandneues Kapitel aufschlagen, in dem Sie zurückblicken und denken können: „Ich kann nicht glauben, wie weit wir gekommen sind!" Dieses Buch wird Sie und Ihren Partner als Team stärken. Und soll ich Ihnen noch etwas verraten? Ein großartiges Team kann absolut alles zusammen erreichen.

Lassen Sie sich diese Gelegenheit zur Weiterentwicklung nicht entgehen. Ich kenne viele Paare, die tiefes Bedauern ausdrücken, wenn sie sich darüber bewusst werden, dass sie sich nicht so sehr bemüht haben, wie sie es hätten tun können. Sie werden immer wieder von Momenten heimgesucht, in denen ihnen gute Ratschläge angeboten wurden und sie sagten: „Vielleicht später." Die Wahrheit ist: Je länger Sie damit warten, diese Veränderungen vorzunehmen, desto mehr bleiben Sie in Ihren alten Gewohnheiten stecken. Je länger Sie mit Ihrem Partner auf die falsche Art und Weise kommunizieren (oder überhaupt nicht kommunizieren), desto mehr Verletzungen und Belastungen sammeln sich in Ihrer Beziehung an. Wie lange noch, bis Ihre Liebe unter der Last zerbricht?

Entscheiden Sie sich für die Liebe und für Ihren Partner, indem Sie „Ja" zu besseren Kommunikationsfähigkeiten in der Beziehung sagen. Ihre neue, glücklichere Zukunft als Paar ist so nah – sie beginnt auf der nächsten Seite! Worauf warten Sie noch?

Kapitel eins – Das 1 x 1 der Beziehungen

Wenn es ein Thema gibt, das Musik, Literatur und Film dominiert, dann sind es zweifellos unsere romantischen Beziehungen. Haben Sie sich jemals gefragt, warum das so ist? Romantische Liebe ist sicherlich nicht die stärkste Emotion, die wir empfinden, und frischgebackene Eltern würden argumentieren, dass sie nicht einmal die stärkste Form der Liebe ist. Warum also schreiben und machen wir dann weiterhin Kunst darüber? Die Antwort ist einfach: Weil wir sie immer noch nicht verstehen.

Romantik und Beziehungen sind einige der rätselhaftesten Aspekte unseres Lebens. Gefühle der Anziehung können unerwartet auftauchen, Verwirrung stiften und unseren rationalen Verstand übernehmen. Manchmal haben wir diese Gefühle, wenn es überhaupt keinen Sinn macht, sie zu empfinden. Verstrickt in neue, brennende Romanzen, können Menschen sich auf eine Weise verhalten, die ihnen überhaupt nicht ähnlich sieht, und ihr objektives Urteilsvermögen verlieren. Und wenn wir uns auf Beziehungen einlassen, betreten wir ein ganz neues Reich der emotionalen Verwirrung.

Es ist ein bisschen paradox, nicht wahr? Wir lernen unsere Lebenspartner sehr gut kennen, und gleichzeitig wird uns im Laufe der Zeit immer bewusster, wie viel wir nicht wissen. Sie sind die Menschen, die wir am besten von allen kennen, und doch können sie auch die größten Geheimnisse in sich tragen. Wir kennen vielleicht ihre emotionalen Reaktionen, ihre Gewohnheiten, ihre Ticks, aber selten wissen wir, *warum* sie so sind, wie sie sind. Bessere Kommunikation ist der Weg, um diese Distanz zu überwinden.

Bevor wir eintauchen, lassen Sie uns kurz innehalten und uns an etwas zutiefst Wichtiges erinnern: Zwei Hälften ergeben ein Ganzes. Damit eine Beziehung gelingen kann, müssen zwei Individuen ihren Teil der Gleichung einhalten. Das bedeutet nicht nur, dass sie abwechselnd das Geschirr abwaschen oder die Rechnung teilen. Es bedeutet, dass man an sich selbst arbeiten muss, um ein besserer Partner zu werden. Es bedeutet, seine Bedürfnisse und Wünsche zu reflektieren, sein Verhalten zu überdenken und zu überlegen, wie man sich verbessern kann, wenn man mit seinen Fehlfunktionen konfrontiert wird.

Gehen wir also zu Schritt eins. Wir erwähnten bereits, dass wir über unsere Bedürfnisse nachdenken müssen. Bevor wir beginnen können, unsere Bedürfnisse und Wünsche zu kommunizieren, müssen wir zunächst wissen, was unsere Grundbedürfnisse sind.

Die wichtigsten Bedürfnisse, die jede Beziehung erfüllen muss

So kompliziert Beziehungen auch erscheinen mögen, unsere Grundbedürfnisse sind recht einfach zu kategorisieren. Damit eine Beziehung gedeihen kann, gibt es fünf grundlegende, aber sehr wichtige Bedürfnisse, die für beide Partner erfüllt werden sollten. Bitte beachten Sie, dass diese Grundbedürfnisse nicht die einzigen Bedürfnisse sind, die wir haben. Es handelt sich lediglich um die, die wir alle teilen. Jeder Mensch hat seine eigenen Bedürfnisse, abhängig von seiner Persönlichkeit und seinem Hintergrund, aber der Einfachheit halber beginnen wir mit den Grundlagen.

Möglicherweise begegnen Sie bestimmten Persönlichkeiten, die eine höhere Toleranz für das Fehlen eines dieser Bedürfnisse haben. Haben Sie zum Beispiel jemals ein langweiliges Paar getroffen, bei dem trotz des Mangels an Abwechslung alles in Ordnung zu sein schien? Oder ein Paar, das sich gegenseitig intellektuell stimulierte, aber keine echte emotionale Verbindung unterhielt? Bei vielen Paaren funktioniert es, ohne dass sie sich um alle fünf Bedürfnisse kümmern. Aber die großen Fragen bleiben: Sind sie wirklich glücklich? Könnten sie nicht noch glücklicher sein?

Das Bedürfnis, sich sicher zu fühlen

Ohne dieses Bedürfnis ist eine Beziehung nichts. Es ist das grundlegendste der fünf und meint unser tiefes Bedürfnis, sich emotional, physisch und psychisch intakt zu fühlen. Wenn Ihr Partner Ihnen bewusst macht, dass dieses Bedürfnis nicht erfüllt wird, muss ernsthaft daran gearbeitet werden. Das Gefühl mangelnder Sicherheit könnte auf mehrere Arten von Problemen hinweisen: Unser körperliches Wohlbefinden ist bedroht oder wir werden in irgendeiner Weise emotional missbraucht. Es läuft alles darauf hinaus, dass ein Partner sich verletzt fühlt und erwartet, wieder verletzt zu werden, wobei er manchmal große Anstrengungen unternimmt, um dies zu vermeiden.

Viele Menschen erkennen nicht, dass dieses Bedürfnis unbefriedigt ist, weil sie denken, dass Missbrauch immer absichtlich geschieht. Doch das stimmt nicht. Viele Partner merken nicht, dass sie emotional missbräuchliche Taktiken wie Gaslighting oder Manipulation anwenden. Bei ihnen sind diese Reaktionen vielleicht fest im Kopf verankert, ohne dass sie merken, wie viel Schaden sie damit anrichten.

Wenn Ihr Bedürfnis, sich sicher zu fühlen, nicht befriedigt wird …

Sie haben das Gefühl, dass Sie in der Nähe Ihres Partners nicht verletzlich sein können. Sie befürchten, dass er Sie verbal oder körperlich verletzen könnte, wenn die Dinge nicht so laufen, wie er will. Sie befürchten, dass Sie statt Liebe nur noch mehr Schmerz oder Kummer erfahren werden. Sie denken ständig daran, wie Ihr Partner auf etwas reagieren wird, das Sie tun oder sagen. Dies wiederum hält Sie davon ab, das auszusprechen, was Sie aussprechen müssen. Sie befürchten, dass Sie, wenn Sie ehrlich sagen, wie Sie sich fühlen, abgewiesen oder verspottet werden, oder dass Sie Wut hervorrufen könnten. Sie haben das deutliche Gefühl, dass Sie eine negative Reaktion erhalten werden, wenn Sie Ihre Bedürfnisse mitteilen.

Das Bedürfnis, sich bedeutsam zu fühlen

Lassen Sie uns mit einem Missverständnis aufräumen: Sicherheit und Bedeutsamkeit sind nicht dasselbe. Sie mögen sich vollkommen sicher sein, dass Ihr Partner Sie nicht verletzen wird, aber reicht das aus, um sich wertgeschätzt und besonders zu fühlen? Das sollte es nicht. Jemandem Sicherheit zu geben, zeugt von allgemeinem Anstand, aber ihm zu zeigen, dass er wichtig ist, macht daraus einen liebevollen Akt. Wenn unser Partner uns das Gefühl gibt, wichtig und besonders zu sein, fühlen wir uns selbst gut und sind von Wärme durchflutet, weil wir wissen, dass alles, was wir ihm geben, geschätzt wird. Wir haben das Gefühl, dass die Liebe, die wir geben, auch ankommt und nicht nur in einem Fass ohne Boden versickert. Das wiederum ermutigt uns, noch mehr Liebe zu zeigen.

Eine Person, die betrogen wurde, ist ein Beispiel für jemanden, dessen Bedürfnis nach Bedeutsamkeit beeinträchtigt wurde. Es gibt keine schlimmere Methode, jemandem zu zeigen, dass er nichts Besonderes ist, als sich hinter seinem Rücken mit einer anderen Person einzulassen.

Wenn wir in einen Streit geraten, können wir unseren Partnern weiterhin zeigen, dass sie etwas Besonderes sind, indem wir uns entschuldigen, wenn wir etwas falsch gemacht haben. Dies zeigt, dass wir ihre Gefühle berücksichtigt haben, versucht haben, ihren Standpunkt zu verstehen und versuchen, unser Fehlverhalten wiedergutzumachen. Zeigen Sie Ihrem Partner Liebe und Wertschätzung. Was ist sonst der Sinn des Ganzen?

Geben Sie Ihrem Partner das Gefühl, wichtig zu sein, indem Sie ihm Liebe zeigen und auf seine liebevollen Gesten mit Wertschätzung und Zuneigung reagieren.

Wenn Ihr Bedürfnis, sich wichtig zu fühlen, nicht erfüllt wird …

Sie machen sich Sorgen über die Untreue Ihres Partners oder fragen sich, ob er Sie wirklich liebt. Das Gefühl kommt auf, entbehrlich zu sein, so als ob Ihr Partner Sie nicht wirklich so sieht, wie Sie sind. Sie fühlen sich im

Leben Ihres Partners nicht besonders wichtig. Sie haben das Gefühl, dass Sie lediglich eine Funktion erfüllen. Sie werden von dem Gefühl überwältigt, dass Sie Ihrem Partner alles gegeben haben und es trotzdem nicht genug ist.

Der Bedarf an Abwechslung

Wenn wir jemanden sehr gut kennenlernen, beginnt unser Leben eine Routine auszubilden. Das ist ein normaler Vorgang, und leider ist auch die Langeweile, die sich daraus ergibt, normal. Damit eine Beziehung gesund und beide Partner glücklich bleiben, ist es wichtig, dass wir ab und zu etwas Abwechslung in unser Leben bringen. Studien haben gezeigt, dass wir uns unseren Partnern näher fühlen, wenn wir gemeinsam belebende Aktivitäten unternehmen.

Das kann alles Mögliche sein: Essen gehen, statt zu kochen, sich für eine lustige Aktivität anmelden, statt zu Hause zu bleiben, oder sogar etwas Neues im Schlafzimmer machen. Was auch immer Teil Ihrer normalen Routine ist, machen Sie etwas völlig anderes.

Wenn beide Partner ein geschäftiges Arbeits- oder Familienleben haben, ist eine Routine unvermeidlich. Aber es liegt ganz in Ihrer Macht, dafür zu sorgen, dass es nicht langweilig wird. Entfachen Sie das Feuer neu, indem Sie für ein wenig mehr Abenteuer sorgen!

Wenn Ihr Bedürfnis nach Abwechslung nicht befriedigt wird …

Sie finden Ihren Partner nicht mehr so aufregend wie früher. Es fühlt sich an, als würden Sie in einer Endlosschleife feststecken. Es fühlt sich an, als ob Ihr gemeinsames Leben nur eine Reihe von Aufgaben ist, die erledigt werden müssen. Es ist schon eine Weile her, dass Sie zusammen einen Rausch oder einen Nervenkitzel erlebt haben. Ein Teil von Ihnen sehnt sich danach, sich so zu fühlen, wie Sie sich am Anfang Ihrer Beziehung gefühlt haben.

Das Bedürfnis nach emotionaler Verbindung

Wenn eine Beziehung langfristig Bestand haben soll, ist emotionale Intimität ungemein wichtig. Um eine enge Beziehung in unserem Leben aufrechtzuerhalten, müssen wir uns Zeit nehmen, um uns miteinander zu verbinden, und uns erlauben, eine Beziehung zueinander aufzubauen. Manchen Menschen fällt dies sehr leicht, aber es ist auch völlig normal, dass sich andere Paare etwas mehr anstrengen müssen. Das bedeutet nicht, dass diese weniger füreinander bestimmt sind. Kulturelle Unterschiede, Hintergründe oder Persönlichkeitsunterschiede können dazu beitragen, dass zwei Menschen eher zurückhaltend sind. Beginnen Sie damit, ihren Partner an etwas Ehrlichem und Verletzlichem teilhaben zu lassen, und laden Sie ihn dazu ein, es Ihnen gleichzutun.

Wenn Ihr Bedürfnis nach emotionaler Verbindung nicht befriedigt wird …

Ihr Partner erscheint Ihnen manchmal wie ein Rätsel und es gibt Zeiten, in denen Sie das Gefühl haben, ihn nicht wirklich zu kennen. Sie haben den Eindruck, dass er Sie nicht versteht, und auch Sie finden seine Handlungen seltsam und verwirrend. Sie verbringen viel Zeit damit, sich über ihn und über die Gründe für seine Reaktionen zu wundern. Vielleicht haben Sie auch das Gefühl, dass es etwas gibt, das er Ihnen sagen muss, doch er sträubt sich davor, es zu tun. Auch Sie verspüren den Drang, sich mitzuteilen und sich zu öffnen, aber es ist nie genug Zeit dafür. Im Eifer des Gefechts gehen Ihre Anliegen einfach unter.

Das Bedürfnis nach persönlicher Entwicklung

Wenn Ihre Beziehung die oben genannten vier Punkte erfüllt, ist das gut für Sie. Sie haben eine gute Beziehung in Ihrem Leben. Wollen Sie wissen, wie Sie sie noch besser machen können? Geben Sie sich gegenseitig Möglichkeiten zur Entwicklung. Mit anderen Worten: Helfen Sie sich gegenseitig zu wachsen. Persönliche Entwicklung kann viele verschiedene Formen annehmen, aber im Wesentlichen befriedigen wir dieses Bedürfnis, wenn wir das Gefühl haben, etwas voneinander zu lernen.

In einer gesunden Beziehung ermutigen sich beide Partner gegenseitig, das Beste in sich zum Vorschein zu bringen. Sie verhalten sich nicht selbstgefällig gegenüber den Zielen oder Errungenschaften des Partners, und sie setzen sich schon gar nicht gegenseitig herab. Geben Sie Ihrem Partner positives, sanftes Feedback und konstruktive Kritik.

Eine weitere Möglichkeit, dieses Bedürfnis zu erfüllen, ist, den Partner intellektuell zu stimulieren. Lassen Sie sich auf eine Diskussion ein und bringen Sie sich gegenseitig neue Dinge bei. Erweitern Sie den Horizont des anderen. Ob Sie es glauben oder nicht, es hat mit unserem biologischen Bedürfnis zu tun, sich fortzupflanzen, damit wir uns weiterentwickeln. Wir wollen einen Partner finden, mit dem wir wirklich zusammenarbeiten können; jemanden, der bereits ausgeprägte gute Eigenschaften mitbringt oder sich mit uns weiterentwickeln wird.

Wenn Ihr Bedürfnis nach persönlicher Entwicklung nicht gestillt wird …

Ihr Partner gibt Ihnen das Gefühl, zu stagnieren. Manchmal fragen Sie sich sogar, ob er Sie in dem ausbremst, was Sie wirklich erreichen könnten. Er inspiriert Sie in keiner Weise. Wenn Sie sich auf Diskussionen einlassen, haben Sie nicht immer das Gefühl, auf derselben Seite zu stehen. Sie sind oft gelangweilt oder verwirrt von dem, worüber er spricht. Sie halten Ihren Partner nicht für sehr weise oder sehr klug.

Die fünf Stadien einer Beziehung

Nachdem sie Hunderte von verschiedenen Paaren untersucht hatte, bemerkte die bekannte Beziehungstherapeutin Dr. Susan Campbell etwas Interessantes: Genau wie Menschen haben auch Beziehungen ihre eigene Lebenszeit, die aus fünf verschiedenen Phasen besteht. Jedes Stadium hat seine eigenen ausgeprägten Muster und mit ein wenig Selbsterkenntnis können alle Paare herausfinden, wo genau sich ihre Beziehung befindet.

Anders als bei Menschen ist jedoch jede Phase von Paar zu Paar unterschiedlich lang. Und nicht jedes Paar hat das Glück, die Lektionen jeder einzelnen Stufe zu lernen, vor allem nicht in der schwersten Stufe von allen, Stufe zwei. Um sicherzustellen, dass Sie und Ihr Partner diese Stufen mit Liebe, Vertrauen und Anmut durchlaufen, ist es am besten, sich über sie zu informieren.

STUFE EINS: Romantik und Anziehung

Von allen Phasen ist dies diejenige, über die Sie wahrscheinlich am meisten wissen. Hollywood-Filme haben viele Menschen davon überzeugt, dass Beziehungen die ganze Zeit so wie in der ersten Phase verlaufen – aber das ist ein fataler Irrtum. Zu diesem frühen Zeitpunkt in der Beziehung sind beide Partner völlig vernarrt ineinander. Wir sehen einander immer noch durch eine rosarote Brille, sehen nur die positiven Aspekte unseres Partners, während wir seine negativen Eigenschaften verleugnen. Hier sehen wir unsere Partner noch nicht ganz so, wie sie wirklich sind.

Ihre fünf Bedürfnisse sind in dieser Phase außer Kraft gesetzt, weil die Wahrscheinlichkeit geringer ist, dass wir bemerken, wenn sie nicht erfüllt werden. Wir sind eher geneigt, die Dinge abzutun und unserem Partner einen Vertrauensvorschuss zu geben, weil die Beziehung so neu ist. Wir sind in dieser Phase sehr leicht zufriedenzustellen, weil wir nur das sehen, was wir sehen wollen.

Die Länge dieser Phase variiert stark. Manche Paare gehen schon nach zwei Monaten in die nächste Stufe über, und bei einigen glücklichen Paaren kann sie bis zu zwei Jahre andauern – aber selten länger als das. Die erste Stufe dauert in der Regel so lange, bis die Partner beschließen, eine Art von Dauerhaftigkeit zu bekunden. Für manche Menschen ist das der Zeitpunkt, an dem sie beschließen, ein festes Paar zu werden, für andere ist es vielleicht das Zusammenziehen. Wie Dauerhaftigkeit wahrgenommen wird, ist von Person zu Person unterschiedlich.

STUFE ZWEI: Desillusionierung und Kampf

Nach der Euphorie und dem Rausch der ersten Phase kommen wir zum schwierigsten Teil unserer Beziehung. Dies ist der Zeitpunkt, an dem die rosarote Brille zum ersten Mal abgenommen wird. Wir fangen endlich an, unseren Partner und unsere Beziehung so zu sehen, wie sie sind, und die Enttäuschung beginnt, sich einzuschleichen. Einer oder beide Partner werden anfangen, sich danach zu sehnen, wie die Dinge am Anfang der Beziehung waren. Hier kommt der Spagat ins Spiel: Wie können wir unsere persönliche Freiheit bewahren und gleichzeitig ein guter Partner sein?

Es ist wichtig, sich daran zu erinnern, dass es völlig normal ist, diese Phase durchzumachen. Weil die Medien uns eine so unrealistische Vorstellung von der Liebe vermittelt haben, neigen wir dazu, in der zweiten Phase voreilige Schlüsse zu ziehen. Sobald wir auf diese Probleme stoßen, denken wir, dass die Beziehung dem Untergang geweiht sein muss. Ich sage Ihnen jetzt: Die meisten Probleme, die in dieser Phase auftreten, *können* behoben werden!

Um die nächste Stufe zu erreichen, ist es entscheidend, dass die Partner lernen:

- einander so zu akzeptieren, wie sie sind, und nicht so, wie sie einander gerne hätten

- zu einem Einverständnis und Kompromiss über die Verhaltensweisen und Gewohnheiten zu finden, die zu Spannungen in der Beziehung führen

- Mittel und Strategien zu erwerben, um sich selbst positiv zu verändern

- ehrlich, freundlich und konstruktiv zu kommunizieren

- Veränderungen anzunehmen und sich nicht gegen sie zu wehren

Mit einem Mal kommen unsere Bedürfnisse ins Spiel. Wenn ein Bedürfnis nicht erfüllt wird, spüren wir, dass etwas nicht stimmt. Und wenn wir die Fähigkeit zur Selbstreflexion besitzen, wissen wir genau, was dieses Bedürfnis ist. Unerfüllte Bedürfnisse jetzt zu lösen, ist der Schlüssel dazu, sie langfristig zu erfüllen.

Die meisten Scheidungen und Trennungen finden in dieser Zeit statt. Sie kann Monate oder manchmal sogar Jahre dauern. Paare können für eine lange Zeit zusammen sein und in dieser Phase stecken bleiben, unglücklich, bis sie sich schließlich dazu entscheiden, sich zu trennen. Individuen werden in dieser Phase auf die Probe gestellt. Wie wir uns entscheiden, zu handeln und einander zu behandeln, wird den Verlauf unserer Beziehung bestimmen. Wenn wir die Lektionen, die wir lernen müssen, ablehnen, können diese Probleme in der nächsten Beziehung wieder auftauchen.

STUFE DREI: Stabilität und gegenseitiger Respekt

Wenn Sie es durch den Sturm schaffen, herzlichen Glückwunsch. In Stufe drei herrscht mehr Frieden und Harmonie. Hier sind die Beziehungen in großem Maße gereift und beide Partner, ob sie es merken oder nicht, zeigen sich von ihrer besten Seite. Es werden Strategien eingesetzt und Kompromisse respektiert. Anstatt verzweifelt zu versuchen, den Partner zu ändern, konzentriert man sich auf das, was man selbst in der Hand hat. Lassen Sie uns ein Beispiel ansehen:

Auf Stufe zwei hatten Sam und Diane ständig Streit. Diane kam von der Arbeit nach Hause und sah ihn vor dem Sofa ausgestreckt, gewalttätige Fernsehsendungen schauend, ein Sortiment von Junkfood auf dem Couchtisch ausgebreitet. Das war seine Routine nach der Arbeit. Sam wollte sich entspannen und sich wie zu Hause fühlen, aber Diane wollte, dass die Dinge sauberer und organisierter zugingen. In ihren Streitereien nannte Sam Diane zu streng und kontrollierend, und sie nannte ihn einen chaotischen Schlamper.

Auf Stufe drei haben Sam und Diane die unterschiedlichen Bedürfnisse des jeweils anderen akzeptiert. Diane versteht jetzt, dass Sam sich gehen lassen muss, um sich von der Arbeit zu entspannen. Sam versteht auch, dass Diane eine saubere und ruhige Umgebung braucht, um sich von ihrer eigenen Arbeit zu entspannen. Die Lösung? An manchen Abenden kann Sam sich entspannen, wie er will, aber er stellt die Lautstärke des Fernsehers leiser, damit Diane eine Meditations-App im Nebenzimmer nutzen kann. An anderen Abenden kann Diane in aller Ruhe lesen, während Sam im Nebenzimmer über Kopfhörer seine Fernsehsendungen anschaut. Und an besonderen Abenden schauen sie eine Sendung, die sie beide sehen wollen, und holen sich Snacks, die sie beide mögen. Wenn sie etwas stört, sprechen sie es sanft und freundlich an, ohne die andere Person herabzusetzen.

In Stufe drei haben Sie sich für einen Kompromiss entschieden und gewöhnen sich nun an das Leben mit diesen neuen Veränderungen. Sie beginnen endlich zu verstehen, was einen guten Partner ausmacht. Sie sehen Kompromisse nicht mehr als Eingriffe in Ihre persönliche Freiheit, sondern als Möglichkeiten der Zusammenarbeit. Mit allen auftretenden Konflikten gehen Sie reif um.

Die Bedürfnisse nach emotionaler Bindung und persönlichem Wachstum werden in dieser Phase wahrscheinlich gut erfüllt. Um Langeweile und Stagnation zu vermeiden, sorgen Sie für eine gesunde Dosis Abwechslung.

STUFE VIER: Liebe und Bindung

Hier ist die Liebe voll ausgeformt. Alle unsere Handlungen verdeutlichen die Bindung zu unserem Lebensgefährten. Sie haben sich nicht nur gegenseitig akzeptiert und gelernt, Kompromisse einzugehen, Sie haben Ihr gemeinsames Leben als *Ihr Leben* akzeptiert. Dies läuft nicht immer auf eine Ehe hinaus, aber hier sind zwei Partner wirklich bereit für die Ehe. In Stufe drei akzeptieren wir die Eigenheiten unseres Partners, aber in Stufe vier lieben und nehmen wir diese Unterschiede wirklich an.

Paare erleben in dieser Phase immer noch Spannungen und Konflikte, aber diese sind in der Regel nebensächlich oder werden durch neue Lebensereignisse ausgelöst. Hier haben sie bereits Verhaltensweisen für die Situationen ausgearbeitet, die sie gut kennen, aber es entstehen unweigerlich auch Situationen, auf die sie nicht vorbereitet sind.

Zum Beispiel geraten Sam und Diane nicht mehr in hitzige Auseinandersetzungen darüber, wie sie sich zu Hause verhalten sollen. Eines Abends jedoch, bei einer Dinnerparty, erzählte Sam eine Geschichte über Diane, die sie wirklich in Verlegenheit brachte. Er dachte, es wäre lustig, aber sie argumentierte, es sei zu persönlich. Ein solcher Konflikt muss manchmal auftreten, aber mit den Mitteln, die sie in Stufe zwei gelernt haben, können sie eine Lösung finden.

In dieser Phase ist es wichtig, dass die Partner darauf achten, ihre Bedürfnisse nach Abwechslung und emotionaler Bindung zu erfüllen. Die Bindung ist gefestigt und manchmal kann dies bedeuten, dass die Routine begonnen hat, ihr Leben zu kontrollieren.

STUFE FÜNF: Symbiose und Austausch

Wenn wir die letzte Stufe unserer Beziehung erreichen, sind wir nicht mehr isoliert und abgeschottet. Hier beginnen wir, gemeinsam daran zu arbeiten, der Welt etwas zurückzugeben. Wenn erst einmal ein starkes Fundament aufgebaut ist, ist es ganz natürlich, dass man nach oben und nach außen bauen möchte.

Das kann Kinder bedeuten, aber nicht für jedes Paar. Es kann auch bedeuten, ein gemeinsames Projekt zu starten oder ein Geschäft zu gründen. Sie wissen, dass sich ein Paar in dieser Phase befindet, wenn sie eine gebende, fast elterliche Qualität an sich haben oder es so scheint, als ob sie *die Dinge* einfach gemeinsam erledigen. Sie sind das Gegenteil von zwei jungen Turteltäubchen, die sich in einem Raum einschließen und mit niemand anderem reden; ein solides Paar möchte die Welt in irgendeiner Form teilhaben lassen. Es ist bereit, in jeder Hinsicht zusammenzuarbeiten.

Kapitel zwei – Die Diagnose

Denken Sie daran, wann Sie das letzte Mal beim Arzt waren. Egal, aus welchem Grund, ob es ernst oder unproblematisch war, jedes einzelne Mal mussten Sie für eine Diagnose zunächst befragt werden. Bevor eine Lösung gefunden oder eine Behandlung durchgeführt werden kann, müssen die Symptome beachtet und analysiert werden. Es spielt keine Rolle, wie stark die Medizin ist; wenn sie ein Leiden behandelt, das Sie nicht haben, wird sie das eigentliche Problem nicht beheben.

Das gleiche Prinzip gilt auch hier. Sie können großartige Beziehungsratschläge lesen, aber nicht alles davon wird für Ihre spezielle Situation hilfreich sein. Wenn Sie Ihre Beziehung verbessern wollen, müssen Sie sich darüber klar werden, was die Probleme sind. Das folgende Kapitel wird sich darauf konzentrieren, die Problempunkte Ihrer Beziehung zu identifizieren. Seien Sie ehrlich zu sich selbst. Die Anzeichen sind da, Sie müssen sie nur wahrnehmen.

Sechs deutliche Anzeichen dafür, dass Sie und Ihr Partner besser kommunizieren müssen

1 Sie reden mehr über Ihren Partner, als Sie mit ihm reden

Es ist völlig normal, dass wir unsere Beziehung mit unseren Freunden und unserer Familie besprechen, vor allem, wenn wir Rat brauchen. Aber bedenken Sie diese wichtige Frage: Tauschen Sie sich über die gleichen Themen jemals direkt mit Ihrem Partner aus? Wie sehr überwiegt Ihre Kommunikation über Ihren Partner Ihre Kommunikation *mit* ihm?

2   Sie sind in der Nähe Ihres Partners reizbar geworden oder umgekehrt

An einem Punkt in Ihrer Beziehung schien es, als könnte Ihr Partner alles tun und Sie würden es an sich vorbeiziehen lassen. Aber jetzt braucht es viel weniger, damit Sie die Geduld mit ihm verlieren. Sie regen sich über Kleinigkeiten auf, die Sie früher nie gestört haben. Das ist ein wichtiges Anzeichen dafür, dass eines Ihrer Bedürfnisse nicht erfüllt wird, und ein Warnzeichen dafür, dass Sie das Thema ansprechen sollten, bevor Sie ausrasten. Seien Sie ehrlich zu sich selbst und überlegen Sie, was der wahre Grund für Ihre verringerte Toleranz ist.

3   Sie ertappen sich dabei, dass Sie sich fragen, was Ihr Partner wirklich fühlt

Wir sollten nie das Gefühl haben, dass unser Partner ein totales Rätsel ist. Wenn Sie sich häufig dabei ertappen, wie Sie versuchen, aus Ihrem Partner schlau zu werden, als wäre er ein kompliziertes Puzzle, dann gibt es eine Menge, was zwischen Ihnen beiden geklärt werden muss. In einer gesunden Beziehung mit guter Kommunikation sind wir zu 99 % der Zeit mit unserem Partner auf derselben Wellenlänge.

4   Sie und/oder Ihr Partner neigen zum Mauern

Wenn ein Partner sich abschottet, sich weigert, sich verletzlich zu zeigen und zu kooperieren, nennt man das

Mauern. Hierbei geht es nicht darum, jemanden mit Schweigen zu strafen. Jemand, der mauert, wird immer noch mit Ihnen sprechen, aber Sie werden das Gefühl haben, dass er ständig seine Deckung aufrechterhält. Er ist nicht aufrichtig und spielt vielleicht sogar mit Ihnen. Eine Person, die mauert, teilt Ihnen nicht mit, was ausgesprochen werden müsste. Warum sonst würde sie so stark auf Verletzlichkeit reagieren?

5   Sie vermeiden bestimmte Themen und haben das Gefühl, sich auf dünnem Eis zu bewegen
Manchmal steht ein sehr heikles Thema im Raum. Fühlt sich der Raum schwer an durch unausgesprochene Worte? Gibt es spürbare Spannungen? Das ist ein großes Zeichen dafür, dass die Beziehung um offene Kommunikation zu kämpfen hat. Aus irgendeinem Grund fühlt sich keiner der beiden Partner wohl dabei, einfach auszusprechen, was gesagt werden muss. Und wahrscheinlich ist das nicht das Einzige, mit dem sie sich schwertun.

6   Einer oder beide Partner verhalten sich passiv-aggressiv
Passive Aggression ist ein großes Zeichen dafür, dass etwas gesagt werden muss. Sie tritt auf, wenn jemand nicht unausstehlich oder offen aggressiv sein will, also versucht er, seinen Unmut zu äußern, ohne dabei ganz offen zu sein. Er ist nicht wirklich ehrlich, sondern versucht, darüber zu reden, ohne *wirklich* darüber zu reden. Sarkasmus ist eine weitere Form der passiven Aggression, wenn er auf eine böse Art und Weise verwendet wird. Wann immer wir nicht direkt kommunizieren können, finden wir indirektere Wege, um unsere Gefühle kundzutun.

Die sechs Gründe dafür, dass wir nicht kommunizieren

Das Wissen um den Grund für schlechte Kommunikation gibt uns nicht die Mittel, die wir brauchen, aber es zeigt uns, wo wir mit der Arbeit beginnen können. Wie können wir erwarten, etwas zu erreichen, wenn wir nicht wissen, wo wir anfangen sollen?

1 Einer oder beide Partner haben Schwierigkeiten, sich verletzlich zu zeigen

Dies ist ein häufiger Grund, warum Menschen nicht kommunizieren, doch es ist ein Hindernis, das mit Übung überwunden werden kann. Es gibt viele sehr triftige Gründe, warum jemand Probleme damit haben kann, sich verletzlich zu zeigen. Manchmal gibt es eine Missbrauchsgeschichte, kulturelle Unterschiede, eine gewaltsame Erziehung oder vielleicht liegt es einfach an der Persönlichkeit der Person.

2 Sie haben Angst davor, kritisiert zu werden

Wenn wir in einer Beziehung mit einer sehr kritischen Person sind, kann dies unsere Fähigkeit beeinträchtigen, offen mit ihr zu sein. Es ist weniger wahrscheinlich, dass wir ehrlich sind, weil wir ständig darüber nachdenken, wie sie auf unsere ehrlichen Gedanken reagieren wird. Selbst wenn es sich um etwas handelt, das sie überhaupt nicht verärgern würde, könnten wir diese Reaktion übermäßig fürchten. Es ist wichtig, dass der kritische Partner in diesem Szenario identifiziert wird.

3 Sie merken nicht, dass Sie etwas zu sagen haben

Vielen Menschen auf der Welt wurde beigebracht, mit einer Art „Steh auf und mach weiter"-Einstellung zu leben. Das ist zwar ein gutes Mittel, um die Probleme des Lebens anzugehen, kann aber dazu führen, dass die Kommunikation in einer Beziehung leidet. Warum? Weil wir uns mit dieser Einstellung angewöhnen, unseren Schmerz und Kummer einfach hinunterzuschlucken, ohne ihn anzuerkennen. Wir versuchen, diese Gefühle zu unterdrücken, und dadurch reflektieren wir weniger darüber, wie wir uns wirklich fühlen. Wenn es also etwas gibt, das wir dringend mit unserem Partner besprechen müssen, sind wir uns vielleicht nicht darüber bewusst, was es wirklich ist. Das kann zu einer Menge hinterhältigem und passiv-aggressivem Verhalten führen.

4   Ihr Leben ist hektisch geworden

Wenn wir beschäftigt sind, versagen wir nicht nur in der Kommunikation, weil wir buchstäblich weniger Zeit zum Reden haben. Weniger Zeit mit unserem Partner zu haben bedeutet auch, dass wir anfangen, das Gefühl der Intimität zu verlieren. Wenn er nicht da ist, sind wir nicht mehr in der Lage, unsere Verbindung zu nähren. Wenn wir uns von unserem Partner distanziert fühlen, ist die Wahrscheinlichkeit geringer, dass wir ihm etwas Persönliches anvertrauen wollen.

5   Einer von Ihnen hat ein Geheimnis

Es ist eine Möglichkeit, die wir nicht gerne in Betracht ziehen, aber zwischen Paaren dennoch nicht ausgeschlossen. Wenn wir etwas zu verbergen haben, kann das die gesamte Kommunikation beeinträchtigen. Unterbewusst oder ganz bewusst beginnt der Partner mit dem Geheimnis, auf Distanz zu gehen, weil er weiß, dass er nur so sein Geheimnis schützen kann. Oft spürt auch der andere, dass etwas nicht stimmt, was nur zu noch mehr Distanz und noch schlechterer Kommunikation führt. Dieses Geheimnis ist nicht immer ein Verrat wie Untreue.

6 Sie halten an einem Groll fest

Wenn ein Partner an einem Groll festhält, hört er auf, sich mit seinem Lebensgefährten zu verbinden. Der Groll kann sich auf etwas Unbedeutendes oder etwas Großes beziehen, aber er hat immer den gleichen Effekt. Der Groll ist so stark, dass er sich fast wie eine dritte Instanz in der Beziehung anfühlen kann. Selbst wenn wir verbalisieren, dass wir unserem Partner verziehen haben, ist diese Vergebung nicht vollständig, solange noch ein Hauch von Groll vorhanden ist. Wenn wir mehr oder weniger heimlich einen Groll hegen, kann sich die Kommunikation angespannt oder gar nicht vorhanden anfühlen. Der Partner, der den Groll abbekommt, wird das Gefühl haben, dass es eine Mauer gibt, an der er nicht vorbeikommt.

Die zehn Kommunikationsfehler, von denen Sie nicht wissen, dass Sie sie machen

Ein weiterer Schritt für den Anfang zur Verbesserung der Beziehungskommunikation besteht darin, zu untersuchen, was den Fortschritt behindert. Bevor wir überhaupt über Abhilfen und Lösungen nachdenken können, müssen wir herausfinden, von welchem Verhalten wir uns unbedingt verabschieden müssen. Es ist an der Zeit, ehrlich zu uns selbst zu sein.

1 Sie weigern sich, für irgendetwas verantwortlich zu sein

Wenn wir mit einer Situation konfrontiert werden, die uns bedrückt, ist es schwierig zu akzeptieren, dass wir eine Rolle bei ihrer Entstehung gespielt haben. Aber das ist nun mal meistens der Fall. Wenn wir uns in einer Beziehung befinden, ist es wichtig, dass wir lernen, Verantwortung für unseren Anteil an einer Situation zu übernehmen. Entschuldigungen bedeuten nichts, wenn es keine Verantwortung gibt, die sie untermauert. Wenn wir lernen, für unsere Handlungen einzustehen, schaffen wir einen sicheren Raum für Ehrlichkeit, Verletzlichkeit und Güte in unserer Beziehung. Es stärkt die Idee, dass Sie ein Team sind. Ja, Sie haben beide einen Teil dazu beigetragen, ungünstige Bedingungen zu schaffen, aber am wichtigsten ist, dass Sie beide zusammenarbeiten können, um dies in Zukunft zu verhindern. Behandeln Sie Ihren Partner nicht wie den Bösewicht; behandeln Sie ihn wie ein Teammitglied.

2 Sie lehnen die Gefühle Ihres Partners ab

Hier ist ein Geheimnis, das Sie wahrscheinlich schon kennen: Manchmal werden Sie die Gefühle Ihres Partners für lächerlich halten. Manchmal werden Sie sie überhaupt nicht verstehen und vielleicht haben Sie sogar den Drang, einfach wegzugehen. Es ist jedoch wichtig, zu betonen, dass Sie *niemals* einfach weggehen oder diese Gefühle abtun sollten. Die Gefühle Ihres Partners zu verleugnen, kann viel Schaden anrichten. Sie müssen verstehen, dass es Ihrem Partner eine Menge Schmerz bereiten könnte, selbst wenn es Ihnen selbst nichts bedeutet. Wenn Sie die Gefühle Ihres Partners abtun, sagen Sie ihm damit, dass es Ihnen egal ist, wie er sich fühlt. Dies kann noch tieferen

Schmerz für ihn verursachen und die Kommunikation in Ihrer Beziehung ruinieren.

3 Sie verwenden eine harsche oder beleidigende Sprache

Sie könnten etwas völlig Vernünftiges sagen, aber wenn Sie Schimpfwörter verwenden oder den anderen beschimpfen, um Ihren Standpunkt darzulegen, erweisen Sie sich und Ihrem Partner einen schlechten Dienst. Wenn wir Schimpfwörter verwenden, um eine Botschaft zu übermitteln, ist es viel unwahrscheinlicher, dass sie gehört wird. Niemand möchte wie ein Kind gescholten werden oder das Gefühl haben, ein Versager zu sein. Die Sprache und der Ton, den wir verwenden, sollten unseren Partner ermutigen, sich zu bessern, und ihn nicht für sein Verhalten beschämen. Sobald wir das tun, machen wir es wahrscheinlicher, dass unsere Partner aus Angst handeln statt aus Selbstbestimmung und Liebe. Diese Art von Verhalten kann eine Beziehung ruinieren und in einigen Fällen kann es sogar die Person, die Opfer dessen wird, traumatisieren. Es ist wichtig, dieses Verhalten abzustellen, sobald es auftritt.

4 Sie schreien und brüllen

Wenn Sie Ihre Stimme erheben oder Ihren Partner anschreien, zerstören Sie alle Chancen, sich auf Augenhöhe zu begegnen. Genau wie die Verwendung von Schimpfwörtern ist dies der falsche Weg, um eine Botschaft zu übermitteln. Es spielt keine Rolle, wie rational diese Botschaft ist oder wie recht Sie haben; wenn Sie schreien und brüllen, verliert Ihre Botschaft an Kraft. Deren Übermittlung sollte Ihren Partner dazu ermutigen, mit Ihnen zu kooperieren, und nicht dazu, sich in Angst zu ducken. Wenn wir auf aggressive Weise handeln, erhöhen wir die Wahrscheinlichkeit, dass unser Partner mit einer Abwehrhaltung reagiert. Sobald wir dies tun, begeben wir uns in den Kampfmodus. Nichts wird gelöst, wenn wir uns im Kampfmodus befinden.

5 Sie geben immer nach und entschuldigen sich

Es gibt nicht nur Menschen, die zu aggressiv sind, man kann auch zu unterwürfig sein. Wenn Sie sich ständig dabei ertappen, wie Sie zustimmen und sich entschuldigen, obwohl Sie nichts falsch gemacht haben, nehmen Sie damit den einfachen Ausweg. Es stimmt, dass wir uns unsere Schlachten aussuchen sollten, und manchmal ist es wichtiger, unseren Stolz zu schlucken, anstatt zu streiten, aber das sollte nicht häufig vorkommen. Wenn Sie feststellen, dass Sie immer wieder das gleiche Problem mit Ihrem Partner haben, ist es an der Zeit, nicht mehr so leicht klein beizugeben. Wenn Sie weiterhin die Schuld auf sich nehmen, wird das Problem nie gelöst werden, weil Sie nicht die Person sind, die es verursacht. Um der Beziehung willen müssen Sie Ihrem Partner erklären, wie er die gegenwärtige Situation verursacht. Helfen Sie ihm, die Möglichkeit zu sehen, die Dinge zu verbessern.

6 Sie werfen mit Absolutheiten um sich

Das Herumwerfen von Wörtern wie „immer" oder „nie", wenn Sie es nicht wörtlich meinen, kann sich manchmal nachteilig auf die jeweilige Situation auswirken. Wenn Sie z. B. zu Ihrem Partner sagen: „Du jammerst immer" oder „Du hilfst mir nie bei irgendetwas", ist das wahrscheinlich keine genaue Aussage. Wenn sie nicht wortwörtlich wahr ist, kann sie verletzend wirken, weil Sie das Problem übertreiben. Es ist wichtig, dass Sie sich an die Fakten halten, wenn Sie ein Problem zur Sprache bringen, und sich von Schuldzuweisungen fernzuhalten.

7 Sie sind *zu* ehrlich

Wir hören immer, dass wir nie etwas vor unserem Partner verheimlichen sollten, aber das stimmt nicht ganz. Es ist möglich, *zu* ehrlich zu sein, und das kann eine Menge Schaden anrichten. Als Faustregel gilt, dass es normalerweise eine gute Idee ist, ehrlich über etwas zu sein, das man *getan hat,* aber es ist nicht immer notwendig, dem Partner alles zu erzählen, was man *denkt.* Wenn Sie planen, mit einem Ex zu Mittag zu essen, sollten Sie bezüglich dessen unbedingt ehrlich sein. Aber sollten Sie Ihrem Partner sagen, dass Sie einen seiner Freunde attraktiv finden? Definitiv nicht. Diese Art von Ehrlichkeit kann die Gefühle des anderen verletzen.

8 Sie erlauben sich nicht, sich verletzlich zu zeigen

Es ist normal, dass man einen gewissen Widerstand dagegen verspürt, sich verletzlich zu zeigen. Schließlich geben wir jemandem sehr persönliche Informationen und es ist ganz natürlich, dass wir uns schützen wollen. Aber für eine gesunde Beziehung ist es wichtig, dass wir lernen, uns unserem Partner gegenüber verletzlich zu zeigen. Das bedeutet, dass wir auf ehrliche und offene Art mitteilen müssen, wie wir uns fühlen. Es bedeutet, eine Seite von uns zu zeigen, die wir normalerweise niemandem offenbaren. Um wirklich ein Gefühl der Intimität zu erlangen, müssen wir die Menschen an uns heranlassen. Vermeiden Sie es, in ernsten Situationen auf rätselhafte Weise zu kommunizieren oder Sarkasmus und Humor zu verwenden.

9 Sie erwarten, dass Ihr Partner Ihre Gedanken lesen kann

Dies ist ein häufiger Grund, warum Menschen aufeinander wütend werden, und es lässt sich leicht verhindern. Die Frustration rührt von der Vorstellung her, dass unsere Partner einfach *wissen* sollten*,* wenn etwas nicht in Ordnung ist, und sie sollten auch einfach *wissen,* was zu tun ist, um das Problem zu beheben. Das ist Ihrem Partner gegenüber jedoch nicht fair. Natürlich sind Ihre Gefühle und Bedürfnisse für Sie offensichtlich. Schließlich sind Sie derjenige, der sie fühlt! Es gibt viele Gründe, warum Ihr Partner sie nicht bemerkt, und die meisten davon sind es nicht wert, sich aufzuregen. Tatsache ist, wenn Sie keine bestimmte Reaktion von jemandem erwarten, werden Sie die Anzeichen weniger wahrnehmen. Also seien Sie Ihrem Partner gegenüber nachsichtig und einfach ehrlich. Sobald Sie das Problem aus dem Weg geräumt haben, können Sie anfangen, an Lösungen zu arbeiten.

10 Sie greifen Ihren Partner an und nicht das Problem

Wenn unsere Lebenspartner etwas tun, das uns stört, kann es verlockend sein, ihren Charakter anzugreifen, aber das sollten wir nie tun. Nehmen wir an, er oder sie hat völlig vergessen, auf dem Heimweg von der Arbeit Lebensmittel zu besorgen. So ärgerlich das auch sein kann, sagen Sie nicht: „Du bist so vergesslich. Du vergisst alles!" Selbst, wenn derjenige eine Tendenz zum Vergessen hat, konzentrieren Sie sich immer auf das eigentliche Problem. Anstatt ihn als vergesslich zu bezeichnen, sprechen Sie das an, was Sie in dieser speziellen Situation wirklich wütend macht, z. B. das Vergessen der Einkäufe. Sagen Sie zum

Beispiel: „Ich wünschte, du würdest dich mehr anstrengen, diese wichtigen Besorgungen nicht zu vergessen. Ich würde mich viel besser fühlen, wenn wir uns die Aufgabe, Lebensmittel einzukaufen, teilen könnten." Sie könnten sogar eine Lösung anbieten, wie z. B. das Erstellen einer telefonischen Erinnerung. Sie könnten auch etwas Verantwortung übernehmen und hinzufügen: „Ich hätte dir eine Nachricht schicken sollen, um dich daran zu erinnern. Ich weiß, dass du nach der Arbeit eine Menge um die Ohren hast." Wenn wir den Charakter unseres Partners angreifen, ist das eine Herabsetzung. Es kann dazu führen, dass er sich schrecklich fühlt, und das ist nicht hilfreich dabei, eine Lösung zu finden.

Wie viele dieser Probleme und Anzeichen haben Sie in Ihrer Beziehung erkannt? Je mehr Sie mitschwingen, desto dringender braucht Ihre Beziehung eine bessere Kommunikation. Und keine Sorge, das meiste davon ist komplett reparierbar!

Kapitel drei
– Gewohnheiten zum Glücklichsein

Die Macht der kleinen Schritte wird stark unterschätzt. Denken Sie mal darüber nach – unser Leben besteht nicht aus großen Erfolgen und Endzielen. Es besteht aus den kleineren Kämpfen, dem täglichen Trott und den kleinen Siegen, die sich zu großen Erfolgen summieren.

Eine der Hauptursachen für unser Scheitern ist, dass wir uns auf das Endergebnis konzentrieren und nicht auf die kleinen Schritte, die uns dorthin bringen. Wir sagen zum Beispiel, dass wir abnehmen wollen, aber anstatt uns erreichbare Schritt-für-Schritt-Ziele zu setzen, wie z. B. „Iss nur einmal in der Woche Nachtisch" oder „Iss jeden Tag einen Salat", setzen wir uns große Ziele, wie z. B. „Nimm fünf Pfund in einer Woche ab", ohne eine einzige konkrete Methode, die uns hilft, Fortschritte zu erzielen.

Das Erfolgsgeheimnis ist folgendes: Schaffen Sie gute Gewohnheiten, die Ihr Ziel unterstützen. Sie wollen eine fantastische Kommunikation in Ihrer Beziehung? Diese wird wahrscheinlich nicht sofort hervorragend sein. Und der Fortschritt wird langsam sein, wenn Sie nicht kleinere, erreichbare Schritte planen. Wenn Sie eine bessere Kommunikation wollen, müssen Sie bessere Kommunikationsgewohnheiten schaffen. Es fängt damit an, dass Sie eine

Technik einführen, dann eine andere, und lernen, diese neuen Mittel zu einem Teil Ihrer Routine zu machen. Um erfolgreich zu sein, müssen Sie Ihre Normen neu erfinden.

Neun Kommunikationsgewohnheiten, die Beziehungen retten

1 Zeigen Sie Interesse am Befinden des anderen

Diese Handlung ist so einfach und doch so wirkungsvoll. Erkundigen Sie sich mindestens einmal am Tag, wie es Ihrem Partner geht. Das muss nicht immer heißen, zu fragen: „Wie geht es dir?", sondern es kann auch bedeuten, dass Sie fragen, wie sein Tag war, wenn Sie sich nach der Arbeit sehen. Wenn Sie sich daran erinnern, dass Ihr Partner ein schwieriges bevorstehendes Meeting erwähnt hat, fragen Sie, wie dieses Meeting gelaufen ist. Auf diese Weise zeigen wir unserem Partner, dass er uns wichtig ist und dass wir ihm zuhören.

2 Lernen Sie, „Ich fühle/es fühlt"-Aussagen zu verwenden

Wenn Sie eine Aussage mit „Ich fühle" beginnen, verwandelt dies eine potenziell anklagende oder anmaßende Aussage in etwas Sanfteres. Um in jeder Situation das bestmögliche Ergebnis zu erzielen, besonders wenn sich ein Partner in einem empfindlichen Zustand befindet, sind „Ich fühle"-Aussagen der beste Weg, um mit ihm zu kommunizieren. Beachten Sie den Unterschied zwischen diesen beiden Aussagen:

- „Du hörst mir nicht zu. Du hast nichts von dem gehört, was ich gesagt habe."

- „Ich habe das Gefühl, du hörst mir nicht zu. Es fühlt sich an, als hättest du nichts von dem gehört, was ich gesagt habe."

Verändern Sie die Betonung von „du" zu „ich". Beachten Sie, wie dadurch etwas, das als anklagend oder aggressiv interpretiert werden könnte, plötzlich zu einer ehrlichen Beobachtung wird. Sie sagen Ihrem Partner nicht, wie er gehandelt hat; Sie betonen, wie Sie seine Handlungen erleben. Das macht einen großen Unterschied. Es ist schwieriger, das zu bestreiten, denn wenn wir erklären, wie wir uns fühlen, zeigen wir uns verletzlich. Da wir nur sagen, „es fühlt sich so an", geben wir unserem Partner die Möglichkeit zu sagen, dass er das nicht so gemeint hat. Wenn wir nicht „es fühlt sich so an" verwenden, treiben wir unseren Partner in die Enge und machen seine Kooperation unwahrscheinlicher.

3 Überdenken Sie, was Sie als „unwichtig" erachten
Dieser weniger bekannte Tipp ist bemerkenswert effektiv, um Beziehungen zu verändern. Wenn unser Partner etwas sagt, von dem wir glauben, dass es nicht so wichtig ist, übersehen wir eine enorme Erkenntnis: Es könnte für ihn sehr wichtig sein! Wann immer Sie im Begriff sind, lediglich „Das ist nett, Schatz" zu sagen oder vielleicht sogar ganz zu ignorieren, was er oder sie Ihnen mitteilt, bedenken Sie, welche positiven Auswirkungen eine richtige Antwort hätte. Wenn Ihre Partnerin gerade von der Arbeit nach Hause gekommen ist und beiläufig erwähnt, dass sie einen neuen Freund gefunden hat, nicken Sie nicht einfach und sagen Sie „Oh, cool." Sagen Sie enthusiastisch: „Das ist wunderbar, dass du einen neuen Freund gefunden hast."

Wollen Sie noch etwas wissen? Wenn Ihr Partner Enthusiasmus zeigt, selbst wenn es sich um eine Kleinigkeit handelt, sollten Sie diesem Enthusiasmus mit Interesse begegnen oder ihn zumindest angemessen anerkennen. Wenn Sie einen Spaziergang machen und Ihr Partner sagt: „Oh, schau mal! Was für ein hübscher Vogel!", ist es möglich, dass Sie sich nicht wirklich für den hübschen Vogel interessieren. Trotzdem sollten Sie Ihren Partner nie ignorieren, wenn er sich über etwas freut. Sagen Sie „Ich frage mich, was für ein Vogel das ist" oder stimmen Sie ihm einfach zu, indem Sie antworten: „Das ist in der Tat ein sehr hübscher Vogel." Sie sollten mindestens einmal auf seine Aussage reagieren.

All dies schafft eine engere Verbindung und gibt Ihrem Partner das Gefühl, wirklich wichtig zu sein. Es vermindert den Eindruck, ignoriert und nicht beachtet zu werden. Wenn das Bedürfnis Ihres Partners nach Bedeutsamkeit nicht gestillt wird, sollten Sie diese Gewohnheit in Ihre tägliche Kommunikation einbauen.

4 Stellen Sie ihm Fragen zu seinen Interessen

Gewöhnen Sie sich an, Ihren Partner nach Themen oder Ereignissen zu fragen, die ihn interessieren. Damit meine ich nicht nur Themen, die irgendwie interessant sind, sondern die Themen, die er wirklich spannend findet, auch wenn sie ein wenig albern sind. Wenn Ihr Partner auf Promi-Klatsch steht, fragen Sie ihn, was sein Lieblingspromi in letzter Zeit so treibt, oder fragen Sie ihn, was er von dem letzten Artikel über ihn hält.

Denken Sie an das letzte Mal, als Sie die Augen Ihres Partners während eines Gesprächs mit ihm aufleuchten sahen. Das ist ein guter Ansatzpunkt. Wenn wir uns angewöhnen, dies zu tun, bauen wir eine stärkere Verbindung zu unserem Partner auf. Es gibt ihm das Gefühl, etwas Besonderes zu sein, weil Sie sich nicht nur an seine Vorlieben erinnern, sondern weil es Ihnen wichtig genug ist, um mit ihm darüber zu sprechen. Zeigen Sie echte Begeisterung für das, was er Ihnen erzählt.

5 Sagen Sie jeden Tag mindestens eine positive oder ermutigende Sache zu Ihrem Partner

Es muss kein langatmiger Liebesbrief sein; sagen Sie Ihrem Partner einfach täglich mindestens eine positive Sache, auch wenn sie kurz und knapp ist. Es kann alles Mögliche sein, und es sollte mit Begeisterung ausgesprochen werden. Es steht Ihnen auch frei, dies per Text zu tun. Einige Ideen sind:

- „Du hast in letzter Zeit so hart gearbeitet. Weißt du, ich bewundere wirklich, was du alles leistest."

- „Ich weiß, dass du gestresst bist, aber ich finde, du gehst mit allem sehr gut um."

- „Du siehst heute wunderbar aus."

Wenn Ihnen nichts einfällt, warum dann nicht ein einfaches, aber von Herzen kommendes „Ich liebe dich"? Bereichern Sie die tägliche Kommunikation mit Ihrem Partner durch positive Aussagen und Sie werden feststellen, dass Ihr gesamtes Verhältnis zueinander sofort liebevoller wird.

6 Wenn Sie anderer Meinung sind, laden Sie ihren Partner sanft zum Nachdenken ein

Sie können Meinungsverschiedenheiten mit Ihrem Partner nicht vermeiden, aber Sie *können* vermeiden, dass sie sich zu einem ausgewachsenen Streit entwickeln. Anstelle von „Du solltest"- oder „Du solltest nicht"-Aussagen, ermutigen Sie den anderen zum Nachdenken. Drängen Sie ihm eine Idee nicht auf, sondern führen Sie ihn sanft an sie heran.

Lassen Sie uns ein Beispiel verwenden. Kelly hat eine Verabredung zum Mittagessen mit einer Freundin geplant, die sie immer herabgesetzt hat und gemein zu ihr war. Ihr Partner, James, hält es für keine gute Idee, dass sie sich treffen. Anstatt zu sagen: „Du solltest dich nicht mit ihr treffen", entscheidet er sich dafür, zum Nachdenken anzuregen. Er fragt: „Glaubst du, sie wird sich genauso verhalten wie beim letzten Mal?" und „Was glaubst du, wird dieses Mal anders sein?" James lässt seine Meinung erkennen, indem er „Ich"-Aussagen verwendet. Er sagt: "Ich mache mir einfach Sorgen, dass sie eine schlechte Freundin sein wird, wie sie es sonst auch war. Ich mag es nicht, wenn du verletzt wirst."

Verwenden Sie Fragen, um Ihren Partner zum Nachdenken aufzufordern, und wenn Sie Ihre Meinung hinzufügen müssen, verwenden Sie immer „Ich"-Aussagen.

7   Sagen Sie trotzdem „Bitte" und „Danke"

Wenn wir aufhören, gegenüber anderen unsere grundlegenden Manieren anzuwenden, ist das ein beunruhigendes Zeichen dafür, dass wir begonnen haben, ihn oder sie als selbstverständlich anzusehen. Stellen Sie sicher, dass Sie immer in den passenden Momenten „Bitte" und „Danke" sagen, egal was passiert. Selbst wenn Sie schlecht gelaunt sind, sollten Sie das trotzdem tun. Dies ist die grundlegendste

Art, jemandem seine Wertschätzung entgegenzubringen, und wenn wir damit aufhören, signalisieren wir, dass wir einen Anspruch darauf zu haben glauben. Sie denken vielleicht, Ihr Partner würde es nicht bemerken, aber das wird er, besonders wenn er sich sehr bemüht hat, Ihnen etwas zu bieten. Zeigen Sie immer Wertschätzung für die Bemühungen Ihres Partners und halten Sie sich an diese grundlegenden guten Manieren.

8 Lassen Sie sich auf Bettgeflüster ein

Auch wenn beide Partner einen vollen Terminkalender haben, gibt es keinen Grund, warum sie nicht ein wenig Bettgeflüster genießen können. Schließlich müssen wir alle irgendwann einmal ins Bett gehen! Bettgeflüster findet am Ende des Tages statt, wenn sich Paare vor dem Schlafengehen im Bett entspannen. Es besteht aus intimen und lockeren Gesprächen, bei denen beide Partner ihre Gedanken austauschen können. Paare können sich entscheiden, ob sie dabei kuscheln wollen oder nicht, aber körperlicher Kontakt schafft eine liebevolle Atmosphäre. Wenn Sie ein etwas angespanntes Gespräch führen, kann Kuscheln die Streitlust verringern und die Wahrscheinlichkeit einer Zusammenarbeit erhöhen. Wenn Paare es sich zur Gewohnheit machen, sich im Bett zu unterhalten, haben sie eine größere Chance, die Intimität und Verbindung in ihrer Beziehung aufrechtzuerhalten.

9 Tauschen Sie sich offen mit Ihrem Partner aus

Um ein größeres Gefühl von Intimität und Verbindung zu schaffen, warten Sie nicht darauf, dass Ihnen Fragen gestellt werden – fangen Sie einfach an, interessante Begebenheiten Ihres Tages mitzuteilen. Erzählen Sie von lustigen

Dingen, die bei der Arbeit passiert sind, oder von der witzigen Nachricht, die Ihnen ein Freund geschickt hat. Wenn Sie sich über etwas aufregen, das passiert ist, zeigen Sie sich verletzlich und erzählen Sie es Ihrem Partner. Sobald Sie damit anfangen, schaffen Sie eine Atmosphäre, in der Austausch und Offenheit nicht nur willkommen, sondern völlig normal sind. Das bedeutet, dass Ihr Partner eher bereit ist, sich Ihnen ebenfalls mitzuteilen. Wenn die Distanz zwischen zwei Menschen wächst, neigen sie dazu, zu viel darüber nachzudenken, wie sie die Situation verbessern könnten. Die Lösung ist simpel: Fangen Sie einfach an, so zu tun, als gäbe es überhaupt keine Distanz.

Wenn Sie sich offen mit Ihrem Partner austauschen, stellen Sie sicher, dass auch er die Möglichkeit hat, sich Ihnen anzuvertrauen. Reden Sie nicht stundenlang nur über sich selbst und Ihren Tag. Laden Sie den anderen ein, spannende oder interessante Dinge aus seinem Leben zu erzählen. Natürlich sind einige von uns von Natur aus gesprächiger, und manchmal können wir einfach nicht anders. Um sicherzustellen, dass ein gleichmäßiger Gesprächsaustausch stattfindet, sollten Sie die folgende Technik anwenden:

Alles über die 80/20-Regel

Wenn Sie normalerweise die meiste Zeit reden oder Sie spüren, dass Ihr Partner etwas loswerden muss, entscheiden Sie sich für die 80/20-Regel. Diese Technik ist extrem einfach und unkompliziert. Wenn Sie mit Ihrem Partner sprechen, versuchen Sie, 80 % der Zeit zuzuhören und nur 20 % der Zeit zu sprechen. Wenden Sie diese Technik nicht in jedem Gespräch mit Ihrem Partner an, da sie nicht immer angebracht ist und es manchmal besser ist, es bei 50/50 zu belassen. Bringen Sie sie nur dann ins Spiel, wenn Ihr Partner etwas ausdrücken muss, wenn Sie einen Streit heraufziehen sehen oder wenn Sie einfach üben wollen, ein besserer Zuhörer zu sein.

Messen Sie Ihr Glück mit der magischen Beziehungsformel

Um Beziehungsglück besser zu verstehen, untersuchten Psychologen eine Vielzahl von Paaren, indem sie sie baten, einen Konflikt in 15 Minuten zu lösen. Diese Gespräche wurden aufgezeichnet und neun Jahre später wieder angesehen. Die gleichen Psychologen machten Vorhersagen darüber, welche Paare zusammenbleiben und welche sich scheiden lassen würden. Erstaunlicherweise ergab eine Nachuntersuchung mit den beteiligten Paaren, dass die Psychologen mit ihren Vorhersagen zu 90 % richtig lagen!

Dies führte sie zu ihrer Entdeckung der magischen Beziehungsformel. Sie fanden heraus, dass der wesentliche Unterschied zwischen unglücklichen und glücklichen Paaren durch das Gleichgewicht von positiven und negativen Interaktionen in Konfliktmomenten bestimmt wird. In diesem Fall bedeutet ein Gleichgewicht dieser Interaktionen jedoch keine gleichmäßige Aufteilung. Denn die magische Formel liegt bei 5:1.

Das bedeutet, dass ein gesundes und glückliches Paar für jede negative Interaktion fünf oder mehr positive Interaktionen aufweist, um die Negativität auszugleichen. Negative Interaktionen können Dinge wie Augenrollen, Ablehnung, Abwehrhaltungen oder Kritik sein. Um dem entgegenzuwirken, sollten Paare positive Interaktionen wie körperliche Zuneigung, gut gemeinte Witze, Entschuldigungen, das Zeigen von Wertschätzung, das Stellen von gut gemeinten Fragen, Akzeptanz und das Finden von Gelegenheiten zur Einigung einsetzen. Das Verhältnis von 5:1 zeigt an, dass ein Paar glücklich und gesund ist und wahrscheinlich langfristig zusammenbleibt, während ein Verhältnis von 1:1 für Paare typisch ist, die bereits am Rande einer Scheidung oder Trennung stehen.

Wenn es etwas gibt, das man aus dieser Formel lernen kann, dann ist es, dass Negativität eine Menge Schaden anrichtet! Immerhin braucht es fünf positive Interaktionen, um eine einzige negative auszugleichen. Behalten Sie das immer im Hinterkopf und achten Sie darauf, nicht zu viel Negativität in Ihre täglichen Interaktionen einfließen zu lassen. Denken Sie an den letzten Konflikt mit ihrem Partner. Wie viele positive und negative Interaktionen haben Sie beide gezeigt?

Hören Sie auf, wegen dieser sechs „Probleme" auszuflippen

Wenn wir uns auf eine tiefe Beziehung einlassen, beginnt sich so vieles zu verändern – das macht uns natürlich Sorgen. Funken und Schmetterlinge werden durch andere Gefühle ersetzt, und es ist nicht ganz klar, ob das etwas Gutes oder etwas Schlechtes ist. Bedeutet es, dass Sie nicht mehr verliebt sind? Ist Ihre Beziehung zum Scheitern verurteilt? Hören Sie auf, sich zu sorgen! Meistens machen sich Paare über etwas Sorgen, das völlig normal ist.

Es ist wichtig, dass wir uns abgewöhnen, sofort durchzudrehen. Wenn wir ausflippen, sind wir so sehr in den

Emotionen gefangen, dass wir eine echte Lösung nicht in Betracht ziehen. Und es gibt Lösungen. Im Folgenden schildern wir einige der häufigsten Beziehungsprobleme und Methoden, wie Sie diese durch Kommunikation lösen können.

1 Ihre Beziehung ist nicht mehr so aufregend, wie sie einmal war

Von allen Beschwerden und Sorgen ist dies die mit Abstand häufigste. Fragen Sie alle Paare mit einer langfristigen Beziehung und sie werden Ihnen sagen, dass sich die Aufregung der ersten Tage gelegt hat. Der Rausch einer neuen Erfahrung ist durch ein Gefühl der Vertrautheit und Nähe ersetzt worden. Machen Sie sich deswegen nicht verrückt! Sie haben Stabilität gefunden. Sehen Sie darin keinen Verlust, sondern den Eintritt in eine neue Phase. Ihre Beziehung hat sich auf ein höheres Niveau bewegt.

Es ist wichtig, zwischen einer Beziehung, die sich weniger aufregend anfühlt, und einer, die *jegliche* Aufregung verloren hat, zu unterscheiden. Wenn Sie zum zweiten Lager gehören, müssen Sie ein wenig mehr nachdenken. Entweder sind Sie und Ihr Partner zu tief in eine starre Routine versunken, oder Sie haben die Gefühle füreinander verloren. Die Chancen stehen gut, dass es nur die Routine ist. Sie haben aufgehört, sich um die Bedürfnisse des anderen nach Abwechslung, emotionaler Verbindung und persönlicher Entwicklung zu kümmern. Ziehen Sie ein vertrauliches Gespräch in Betracht und planen Sie einen gemeinsamen Abend. Machen Sie sich die Mühe, Ihre Routine aufzupeppen. Es ist nicht so schwer, wie Sie denken!

2 Manchmal möchte man unbedingt Zeit für sich allein haben

Es ist nicht nur normal, Zeit für sich allein zu wollen, es ist sogar sehr gesund. Es bedeutet, dass Sie und Ihr Partner es vermieden haben, voneinander abhängig zu werden, und das ist wichtig für die Gesundheit einer Beziehung. Das Verlangen nach Alleinsein bedeutet, dass Sie immer noch Wert auf Ihre Unabhängigkeit legen, und das ist etwas, worauf Sie stolz sein sollten, und nicht etwas, das Ihnen Sorgen bereiten sollte.

Ihrem Partner zu sagen, dass Sie eine Auszeit brauchen, sollte nicht in eine schwierige Diskussion münden. Seien Sie direkt, seien Sie zwanglos und vermeiden Sie es, daraus ein ernstes Gespräch zu machen – wenn Sie es zu ernst werden lassen, wird Ihr Partner denken, dass er etwas falsch gemacht hat. Sagen Sie einfach: „Ich hatte in letzter Zeit keine Zeit für mich selbst und es war mir immer wichtig, allein sein zu können, um Kraft zu tanken. Können wir uns nach dem Wochenende treffen?" Wenn Ihr Partner weniger unabhängig ist als Sie, einigen Sie sich abschließend auf einen Plan für Ihr nächstes Treffen, damit er etwas hat, auf das er sich freuen kann. Zu lernen, um Zeit für sich selbst zu bitten, ist eine fantastische Angewohnheit, die man sich aneignen sollte, wenn man eine Beziehung eingeht. Idealerweise sollten beide Partner in der Lage sein, sich Zeit für sich zu nehmen, wann immer sie es brauchen, ohne sich um die andere Person zu sorgen.

3 Sie haben Ihren Partner dabei erwischt, wie er ein Auge auf eine andere Person wirft

Wenn Sie das erste Mal feststellen, dass der Blick Ihres Partners woanders landet, kann das sehr beunruhigend sein. Es ist in Ordnung, stutzig zu werden, aber Sie sollten sich darüber im Klaren sein, dass es sich um ein völlig normales Phänomen handelt. Selbst die engagiertesten Partner finden andere Menschen attraktiv. Die Anziehungskraft, die auf andere Menschen wirkt, sagt nichts über deren Gefühle Ihnen gegenüber aus. Denken Sie an das letzte Mal, als Sie jemanden gesehen haben, den Sie attraktiv fanden. Es könnte jemand gewesen sein, der auf der Straße an Ihnen vorbeiging, oder vielleicht war es ein attraktiver Prominenter in einem Film. Erinnern Sie sich daran, wie sich Ihre Augen auf diese Person fixiert haben? Es geschah automatisch, war aber nicht mit echten Emotionen verbunden. Unser Gehirn ist so verdrahtet, dass wir das, was wir attraktiv finden, gerne ansehen, aber wenn wir ihm nicht nachjagen, bleibt es bei einem Augenschmaus.

Wenn dies ein seltenes Ereignis ist, lohnt es sich wahrscheinlich nicht, es gegenüber Ihrem Partner zu erwähnen. Er wird sich dadurch nur schämen und sich unbehaglich fühlen. Es kann sogar dazu führen, dass er sich ängstlich fühlt, wenn er sich in der Nähe von jemandem befindet, den er attraktiv findet – was zu noch mehr Unbehagen für alle führt! Ich empfehle, es nur dann anzusprechen, wenn Ihr Partner es ständig und auf eine offene oder respektlose Weise tut. Wenn sein Blick zu lange verweilt oder er dadurch aufhört, Ihnen Aufmerksamkeit zu schenken, sagen Sie ruhig: „Könntest du das bitte lassen? Es stört mich wirklich." Seien Sie direkt und deutlich. Und denken Sie daran, dass dies ein sehr häufiges Problem ist.

4   Sie haben sehr unterschiedliche Interessen

Fragen Sie jeden beliebigen Beziehungs- oder Eheberater, und er wird Ihnen sagen, dass es einige sehr gesunde, glückliche Paare mit völlig unterschiedlichen Interessen gibt. Manchmal sogar mit entgegengesetzten Interessen. In mancher Hinsicht kann das gut für ein Paar sein. Mit unterschiedlichen Interessen wird es einfach, seine Unabhängigkeit zu bewahren, was für Partner in einer Langzeitbeziehung sehr gut ist. Wenn ein Paar alles gemeinsam hat, besteht die Gefahr, dass es zu viel Zeit miteinander verbringt, voneinander abhängig wird und dass das Feuer der Beziehung ausbrennt. Nehmen Sie die Tatsache, dass Sie unterschiedliche Interessen haben, an. Verändern Sie Ihre Perspektive: Sie sind nicht zu unterschiedlich, Sie *ergänzen* sich.

Wenn Sie sich aufgrund unterschiedlicher Interessen nur selten sehen, sollten Sie mindestens zwei Tage in der Woche einplanen, an denen Sie an derselben Aktivität teilnehmen können. Sie könnten zum Beispiel einen Film zu Hause anschauen, ins Kino, in eine Jazz-Bar oder eine Theateraufführung gehen. Sie könnten sich sogar dafür entscheiden, gemeinsam eine neue Fähigkeit zu erlernen, wie Töpfern oder Malen. Sprechen Sie miteinander und einigen Sie sich auf eine Art und Weise, wie Sie beide gemeinsam Spaß haben können.

5 Manchmal nervt Ihr Partner Sie wirklich

Sie kennen diese Momente, nicht wahr? Sie sehen Ihren Partner an und wünschen sich, er würde einfach den Mund halten. Oder Sie wünschen sich, er würde einfach stillsitzen und mit dem, was er gerade tut, aufhören. An schlechten Tagen regen Sie sich vielleicht sogar über dumme Dinge auf, z. B. darüber, wie laut er atmet oder wie er spricht.

Ob Sie es glauben oder nicht, auch das ist normal – solange es nicht anhaltend ist. Wenn Sie sich tagelang so fühlen, besteht die Möglichkeit, dass Sie entweder Ihre Gefühle für diese Person verloren haben oder zu viel Zeit miteinander verbringen. Wenn es aber nur ein paar Stunden dauert und Sie dann wieder zu Ihren Gefühlen der Zuneigung zurückkehren, müssen Sie sich keine Sorgen machen. Sie befinden sich einfach in einer normalen, langfristigen Beziehung! In den Momenten, in denen Sie sich ärgern, sollten Sie wissen, dass das normal ist, und dem Drang widerstehen, etwas Verletzendes zu sagen.

6   Sie haben nicht mehr so oft Sex wie früher
Umfragen haben gezeigt, dass diese Sorge eine der häufigsten ist. Paare haben in fast jeder Phase ein gewisses Maß an Sorge, dass sie nicht so viel Sex haben, wie sie sollten. Die Wahrheit ist, dass es völlig normal ist, dass der Sex mit der Zeit seltener wird. Und es ist normal, dass die Häufigkeit des Sex schwankt, je nachdem, was im Leben des Einzelnen passiert. Wenn die Flitterwochen vorbei sind, beginnt eine Beziehung sich einzupendeln, und das ist völlig in Ordnung! Das bedeutet nicht, dass Ihr Partner Sie nicht mehr begehrt, und es bedeutet auch nicht, dass die Gefühle verloren gegangen sind. Wenn Sie sich immer noch Sorgen machen, dann planen Sie eine Zeit ein, in der Sie und Ihr Partner alles stehen und liegen lassen und sich darauf konzentrieren können, intim zu werden. Und probieren Sie etwas Neues aus, das Sie bisher noch nicht gemacht haben!

Kapitel vier – Liebe auf jede Weise

Bei Kommunikation geht es nicht nur darum, was wir mit Worten sagen. Denken Sie an den Satz: „Oh sicher, das wäre schön." Sie können das mit Freundlichkeit sagen, aber Sie können es auch mit Sarkasmus oder Zögerlichkeit sagen. Die Bedeutung von allem, was wir sagen, kann sich durch unseren Tonfall, unseren Gesichtsausdruck und das Tempo unserer Rede ändern. Alles, was wir tun, kommuniziert eine Botschaft.

Ob wir uns dessen bewusst sind oder nicht, unser Partner empfängt Signale darüber, wie wir uns in seiner Nähe verhalten. Wenn Sie mit ihm reden, aber Ihr Blick dabei auf Ihr Telefon gerichtet ist, zeigt das, dass Sie nicht wirklich an dem Gespräch interessiert sind. Wenn Sie ihn mit Ihren Worten auffordern, sich zu öffnen, aber Ihr Körper dem Fernseher zugewandt ist, wirkt das unaufrichtig. Wenn Sie aktiv versuchen, sich besser mitzuteilen, müssen Sie sicherstellen, dass alles, was Sie tun, mit der Botschaft übereinstimmt, die Sie zu senden versuchen.

In diesem Kapitel werden wir uns auf die vielen Möglichkeiten konzentrieren, wie wir unseren Partnern Liebe zeigen können. Ich empfehle Ihnen, so viele Ausdrucksformen der Liebe wie möglich zuzulassen. Sie werden vielleicht überrascht sein, auf was Ihr Partner am besten reagiert.

Alles, was Sie über Liebessprachen wissen müssen

Haben Sie manchmal das Gefühl, dass Sie und Ihr Partner völlig unterschiedliche Sprachen sprechen? Vielleicht ist das so. Seit der renommierte Eheberater Dr. Gary Chapman die fünf wichtigsten Liebessprachen identifiziert hat, hat sich dies als wegweisend für Millionen von Beziehungen herausgestellt. Die Entdeckung entmystifizierte die Beziehungsdynamik sowie die Kommunikation und förderte insgesamt ein größeres Verständnis zwischen den Partnern.

Jeder einzelne Mensch gibt und empfängt Liebe auf eine andere Art und Weise. Wie wir das tun, bestimmt die Handlungen, die wir als liebevoll empfinden, und die Handlungen, mit denen wir unsere Liebe für jemand anderen ausdrücken. Die Art, in der wir normalerweise Liebe kommunizieren, wird unsere Liebessprache genannt. Es ist üblich, mehr als eine zu haben, aber selten haben wir mehr als zwei dominante Liebessprachen.

Zwei Partner, die sich nicht bewusst sind, dass sie unterschiedliche Liebessprachen sprechen, können sich voneinander völlig verwirrt fühlen. Sie könnten sich sogar ungeliebt und nicht gewürdigt fühlen und sich fragen, warum ihre Versuche, Liebe zu zeigen, unbemerkt geblieben sind. Um einen reibungslosen Austausch von Liebe und Wertschätzung zu schaffen, ist es absolut wichtig, dass Paare die Liebessprache des anderen verstehen.

1 Verbale Bestätigung

Eine der häufigsten Liebessprachen ist die verbale Bestätigung. Das heißt, wir benutzen unsere Worte, um Liebe und Wertschätzung auszudrücken. Menschen mit dieser Liebessprache fühlen sich am meisten geliebt, wenn jemand ihre Gefühle verbalisiert, ihnen Komplimente macht und ihnen viel verbale Ermutigung gibt. Hier sind einige Beispiele für verbale Bestätigung:

- Wenn Ihr Partner sich zurechtgemacht hat und sich merklich bemüht, gut auszusehen, sagen Sie: „Wow, du siehst fantastisch aus. Du bist unwiderstehlich in diesem Kleid."

- Wenn Sie sich einen gemütlichen Abend machen und Ihr Partner einen tollen Film auswählt, sagen Sie: „Du suchst immer genau den richtigen Film aus. Du hast einen tollen Geschmack."

- Wenn Ihr Partner etwas Rücksichtsvolles tut, sagen Sie: „Das ist so wunderbar von dir. Ich danke dir. Ich weiß es wirklich zu schätzen, dass du dir all diese Mühe für mich gemacht hast."

Wenn dies die Liebessprache Ihres Partners ist, achten Sie darauf, was er in Worten ausdrückt. Ignorieren Sie nicht die freundlichen und liebevollen Dinge, die er sagt, denn so zeigt er Ihnen seine Liebe. Reagieren Sie auf diese liebevollen Äußerungen mit verbaler Wertschätzung.

2 Wertvolle Zeit

Eine andere Art, wie wir Liebe kommunizieren, ist, dass wir unseren Lieben unsere ungeteilte Aufmerksamkeit schenken. Menschen mit dieser Liebessprache brauchen ein Gefühl der Zusammengehörigkeit und Intimität. Sie fühlen sich am meisten geliebt, wenn ihre Partner sich speziell für sie Zeit nehmen und ihnen ihre volle Aufmerksamkeit schenken. Dabei geht es nicht nur darum, zusammenzusitzen und eine Netflix-Sendung zu schauen, sondern es geht um Bindung. Verletzlichkeit ist ein großes Plus für Menschen mit dieser Liebessprache. Ihre Handlungen sollten die Botschaft aussenden: „Diese Zeit ist nur für dich und mich. Im Moment möchte ich nichts anderes, als mich dir nahe zu fühlen."

Um Liebe durch wertvolle Zeit zu vermitteln, müssen Sie nur einen Zeitraum einplanen, in dem Sie Ihre ganze Aufmerksamkeit ausschließlich Ihrem Partner widmen können. Dies könnte ein Tag im Vergnügungspark sein, ein spezielles Date am Abend oder ein Ausflug an einen romantischen Ort. Es könnte sogar etwas so Simples sein, wie zu Hause zu bleiben und sich bei einer Flasche Ihres Lieblingsweines über den Tag auszutauschen. Was auch immer Sie tun, achten Sie auf einander und hören Sie genau zu.

3 Körperliche Berührung

Wenn Sie ein sehr körperlich anhänglicher Mensch sind, ist es möglich, dass Sie es vorziehen, Liebe durch körperliche Berührung zu geben und zu empfangen. Durch die Art und Weise, wie wir jemanden berühren, kann eine Menge ausgedrückt werden. Und als Menschen sind wir daran gewöhnt, positiv darauf zu reagieren. Wenn die Liebessprache Ihres Partners körperliche Berührung ist, gewöhnen Sie sich daran, liebevollen Körperkontakt herzustellen. Um Ihrem Partner das Gefühl zu geben, geliebt zu werden, achten Sie darauf, dass Sie Händchen halten, kuscheln, sich küssen und umarmen. Menschen mit dieser Liebessprache genießen möglicherweise auch mehr Geschlechtsverkehr als andere Menschen, aber das ist nicht immer der Fall.

Das Beste an dieser Liebessprache ist, dass Körperkontakt so einfach ist. Sie brauchen nicht viel Kreativität oder Gedanken, um durch Berührung zu kommunizieren. Wenn Sie durch den Raum gehen, in dem sie sich aufhalten, geben Sie dem anderen einen Kuss auf die Wange oder reiben Sie sanft seinen Arm. Wenn Sie ihn begrüßen oder sich verabschieden, geben Sie ihm eine warme Umarmung.

4   Hilfsbereitschaft

Wenn Taten für Sie eine große Bedeutung haben, ist es möglich, dass Sie Liebe durch Hilfsbereitschaft empfangen und geben. Wenn dies Ihre Liebessprache ist, fühlen Sie sich am meisten geliebt, wenn Ihr Partner etwas tut, das Sie sich von ihm wünschen. Dabei geht es keineswegs darum, ein Sklave jeder Laune Ihres Partners zu sein, sondern darum, rücksichtsvoll zu sein und etwas zu tun, worum er Sie nicht explizit gebeten hat. Wenn dies die Liebessprache Ihres Partners ist, sollten Sie sich etwas Zeit nehmen, um wirklich darüber nachzudenken, was er am meisten schätzen würde. Erleichtern Sie ihm seinen Tagesablauf auf irgendeine Weise. Zum Beispiel könnten Sie Ihrem Partner eine Mahlzeit kochen, die er gerne mag, oder einen seiner kaputten Gegenstände reparieren. Es könnte sogar ein simples Aufladen seines Telefons sein, wenn Sie sehen, dass der Akku leer ist. Führen Sie Handlungen aus, durch die Sie sich aktiv um Ihren Partner kümmern.

5   Geschenke

Wenn Ihre Liebessprache das Schenken ist, bedeutet das nicht, dass Sie ein materialistischer Mensch sind. Ein Geschenk ist nur ein physischer Beweis dafür, dass Sie an jemanden gedacht haben. Es muss nicht ausgefallen oder teuer sein. In der Tat muss es überhaupt nichts kosten. Es geht nur darum, Ihre liebevollen Gedanken und Absichten in die Auswahl eines Gegenstandes zu stecken. Es geht nicht um das Geschenk selbst, sondern um den Gedanken dahinter. Gewöhnen Sie sich daran, Geschenke zu machen, wenn dies die Liebessprache Ihres Partners ist. Wenn er oder sie Schokolade liebt, holen Sie auf dem Heimweg von der Arbeit eine Schachtel oder Tafel. Wenn ihre Lieblingsblumen blühen, besorgen Sie eine einzelne oder auch einen ganzen Strauß. Und stellen Sie sicher, dass Sie das Schenken zu bestimmten Anlässen ernst nehmen!

Wie Sie nonverbale Kommunikation zu Ihrem Vorteil nutzen

Wie wir weiter oben in diesem Kapitel festgestellt haben, achtet Ihr Partner auf alles, was Sie sagen, auch auf die Dinge, die Sie nicht mit Worten ausdrücken. Um das beste Ergebnis aus einem Gespräch zu erzielen oder ihn zu beruhigen, wenn er empfindlich ist, folgen Sie diesen einfachen, aber effektiven nonverbalen Techniken:

1 Berühren Sie Ihren Partner auf eine unterstützende Weise

Unterschätzen Sie nicht die Macht der Berührung. Wenn Sie den Arm um Ihren Partner legen oder seine Hand halten, während er spricht, ermöglicht ihm das, sich viel wohler zu fühlen. Eine häufige Taktik, die Paare in schwierigen Situationen anwenden, ist, miteinander zu kuscheln oder einander zu umarmen, während sie miteinander reden. Zuneigung und Berührungen können dazu führen, dass die Beteiligten viel eher bereit sind, miteinander zu kooperieren. Beachten Sie jedoch, dass Sie Ihren Partner nicht berühren sollten, wenn er extrem wütend auf Sie ist – dies kann als unangemessen rüberkommen und die Situation verschlimmern.

2 Bewahren Sie einen neutralen oder mitfühlenden Gesichtsausdruck

Wenn Sie Ihrem Partner beim Sprechen zuhören, achten Sie darauf, dass Ihr Gesichtsausdruck ihn nicht vom Sprechen abhält. Wenn Sie gut gelaunt sind, halten Sie ihn mitfühlend, und wenn Sie nicht gut gelaunt sind, halten Sie ihn einfach neutral. Selbst wenn wir uns über unsere Partner aufregen, ist es wichtig, dass sie das Gefühl haben, sprechen zu können, ohne beurteilt zu werden. Wir benutzen vielleicht keine harten Worte, aber unsere Mimik kann trotzdem eine beunruhigende Botschaft vermitteln.

Betrachten Sie dieses Szenario als Beispiel: Sie sitzen mit Ihrem Partner zusammen und erklären ihm, dass Sie sich sehr ignoriert fühlen, wenn er während Ihrer Abende zu zweit ständig am Telefon ist. Wie würden Sie sich fühlen, wenn Ihr Partner anfinge, Sie mit einer hochgezogenen Augenbraue anzuschauen? Was wäre, wenn er beginnen würde, finster dreinzuschauen? Was, wenn es so aussähe, als würde er gleich lachen? Die Chancen stehen gut, dass Sie den Austausch unter solchen Bedingungen nicht fortsetzen möchten. Und es ist sogar sehr wahrscheinlich, dass Sie in Zukunft zögern würden, sich ihm anzuvertrauen. Sehen Sie? Auch wenn wir nicht sprechen, senden wir eine Botschaft. Machen Sie Ihre Gesichtszüge weicher, um eine bessere Reaktion zu erhalten.

3   Drehen Sie Ihren Körper zu Ihrem Partner

Wenn Sie mit Ihrem Partner sprechen, vor allem über etwas Ernstes, schauen Sie ihn nicht einfach nur von der Seite an. Achten Sie darauf, dass Ihr ganzer Körper dem Gegenüber zugewandt ist. Wenn unser Körper von unserem Gesprächspartner abgewandt ist, senden wir die Botschaft, dass wir nicht wirklich an dem Gespräch interessiert sind, um das es geht. Wir zeigen, dass wir nicht wirklich engagiert sind. Wenn Ihr Partner verärgert ist oder Sie das Gefühl haben, dass er Streicheleinheiten braucht, setzen Sie Ihren Körper ein, um ihm direkt ins Gesicht zu schauen.

4   Passen Sie den Ton und Klang Ihrer Stimme an

Es geht nicht immer darum, was Sie sagen, sondern auch darum, wie Sie es sagen. Überlegen Sie in dem entsprechenden Moment, was Ihr Partner am meisten von Ihnen braucht. Sollen Sie einfach nur zuhören und mitfühlen? Wenn ja, sprechen Sie mit einer weicheren, sanfteren Stimme. Braucht er eine Bestätigung? Wenn ja, dann sprechen Sie mit einer festen, selbstbewussten Stimme, damit er sich sicher fühlt. Um Ihren Gesprächspartner zu beruhigen, sprechen Sie langsam, denn eine schnelle Stimme kann abweisend wirken.

Weniger bekannte, aber wirkungsvolle Wege, Ihrem Partner Liebe zu zeigen

Es reicht nicht aus, die Liebe zu unserem Partner nur in einer oder zwei Formen zu zeigen. Warum an diesem Punkt aufhören? Wann immer Sie die Gelegenheit haben, nutzen Sie sie, um ihn mit Wärme und Optimismus zu überschütten. Das beschränkt sich nicht nur auf die Methoden, die ich bis jetzt aufgelistet habe. Die Möglichkeiten, liebevolles Verhalten zu zeigen, sind endlos.

1 Erklären Sie öffentlich, wie stolz Sie auf ihn sind
Es spielt keine Rolle, wem; wenn sich ein geeigneter Zeitpunkt ergibt, warum teilen Sie nicht stolz einen der Erfolge Ihres Partners mit? Es muss keine große Leistung sein, vielleicht etwas, woran er hart gearbeitet hat. Erkennen Sie die Bemühungen Ihres Partners an und erzählen Sie einer außenstehenden Partei von seiner Leistung. Jedem wird beigebracht, bescheiden zu bleiben und nie mit seinen Erfolgen zu prahlen, aber manchmal wollen wir insgeheim, dass die Leute wissen, dass wir etwas geschafft haben. Seien Sie der Erste, der etwas Erstaunliches, das Ihr Partner getan hat, kundgibt. Er wird sich dadurch extrem geliebt und unterstützt fühlen, und er wird sich wahrscheinlich ermutigt fühlen, weiterhin Fortschritte zu machen. Diese Taktik könnte ihn anfangs erröten lassen, aber sobald die Schüchternheit nachlässt, wird er sich sehr gerührt fühlen.

2 Stehen Sie für Ihren Partner ein
Wenn Ihrem Partner etwas Ungerechtes widerfährt, scheuen Sie sich nicht, das Wort zu ergreifen. Das bedeutet nicht, dass Sie einen Streit anfangen oder etwas Böses sagen sollten, sondern einfach, dass Sie Ihre Unterstützung in einer schwierigen Situation zum Ausdruck bringen. Benutzen Sie Ihren gesunden Menschenverstand, um die richtige Art und Weise zu bestimmen, dies zu tun. Wenn Sie sich in einem Gespräch mit vielen Leuten befinden und jemand Ihren Partner herabwürdigt, kontern Sie, indem Sie als sein Unterstützer auftreten.

Betrachten Sie dieses Beispiel: Adam und Vanessa sind mit einer Gruppe von Freunden unterwegs. Jemand beginnt sich über Vanessa lustig zu machen, weil sie erwähnt hat, dass sie einen Roman schreibt. Die unhöfliche Person bemerkt, dass alle anderen einen hoch bezahlten Job in einem Unternehmen haben, während Vanessa zu Hause sitzt und Geschichten schreibt. Adam braucht keinen Streit anzufangen, um sich für sie einzusetzen. Alles, was er sagt, ist: „Einen Roman zu schreiben, erfordert viel Geduld und Entschlossenheit. Vanessa hat sehr hart gearbeitet und ich finde es wunderbar, dass sie ihrer Leidenschaft nachgeht, anstatt geldbesessen zu sein." Negativität ist nicht erforderlich!

3 Bemühen Sie sich um eine Bindung zu den Menschen, die ihrem Partner nahestehen

Der Spruch stimmt: Wenn Sie eine Beziehung mit jemandem eingehen, gehen Sie auch mit dessen engen Freunden und Familie eine ein. Ob Sie es mögen oder nicht, diese Menschen sind ein Teil des Lebens ihres Partners. Und wenn Sie sich nicht die Mühe machen, bei ihnen einen positiven Eindruck zu hinterlassen, könnten ihre Meinungen über Sie einen Einfluss auf den Verlauf Ihrer Beziehung haben. Wenn Sie die Menschen kennenlernen, die ihrem Partner nahestehen, signalisieren Sie, dass Sie wirklich ein Teil des Lebens Ihres Liebsten sein wollen. Sie zeigen, dass Sie es ernst meinen, und Sie zeigen echte Liebe. Und warum? Weil Sie ein völlig uneigennütziges Ziel verfolgen. Schließlich befriedigen die Freunde und die Familie Ihres Partners keine Ihrer Bedürfnisse und Sehnsüchte. Geben Sie sich nicht dem Gedanken hin, dass diese Personen nicht wichtig sind, weil sie nicht Ihr Partner sind. Wie Sie sie behandeln, spricht Bände darüber, wie Sie Ihre Beziehung sehen.

4 Fragen Sie Ihren Partner, was ihm im Bett Spaß macht

Es gibt diese ungesunde Vorstellung, dass wir alle einfach *wissen* sollten, was unsere Partner wollen, ohne sie jemals zu fragen. Viele Menschen haben den fälschlichen Eindruck, dass wir nicht gut im Bett sind, wenn wir es nicht selbst herausfinden können. Das ist eine lächerliche Vorstellung. Wir sind keine Gedankenleser und jeder einzelne Mensch hat andere Vorlieben. Viele Menschen geben nicht preis, was sie mögen, weil sie nicht als anspruchsvoll gelten wollen, warum also nicht einfach nachfragen? Wie können wir etwas richtig machen, wenn wir nie davon erfahren?

Auch wenn Sie bereits wissen, was Ihr Partner mag, ist es nicht verkehrt, sich mit ihm auszutauschen. Fragen Sie ihn, ob es etwas gibt, das Sie kürzlich getan haben, das ihm gefallen hat, und ob es etwas gibt, das Sie besser machen können. Zu lernen, offen über Sex zu sprechen, ist eines der besten Dinge, die wir in unserer Beziehung tun können. Es zeigt unserem Partner auch, wie sehr wir uns bemühen, ihn glücklich zu machen und seine Bedürfnisse zu erfüllen. Selbst wenn wir es nicht immer richtig machen, kann es entscheidend für ihn sein, zu wissen, dass wir es versuchen.

5 Beschäftigen Sie sich mit einem Thema, das ihn interessiert

Wenn Ihr Partner ein großer Science-Fiction-Nerd ist, schauen Sie sich seine Lieblingsserie oder seinen Lieblingsfilm an. Wenn er gerne über Politik diskutiert, aber Sie diese nicht verstehen, bitten Sie ihn, Ihnen etwas zu erklären. Öffnen Sie sich und erweitern Sie Ihren Horizont! Zeigen Sie Ihrem Partner, dass Sie wirklich an dem interessiert sind, was ihm wichtig ist. Vielleicht stellen Sie sogar fest, dass Sie sich auch dafür interessieren. Wir sollten immer versuchen, Gelegenheiten zu schaffen, um uns mit unserem Partner zu verbinden. Indem wir uns mit dem beschäftigen, was ihn interessiert, schaffen wir mehr intime Momente. Dies ist eine sichere Methode, um Ihre Verbindung zu stärken.

6   Kümmern Sie sich um ihn, wenn er krank ist

Es ist ziemlich üblich, dass Frauen eine pflegende Rolle übernehmen, wenn ihre Partner krank sind, aber leider geschieht es andersherum seltener. Eines der liebevollsten Dinge, die wir für unsere Partner tun können, ist, sich um sie zu kümmern, wenn sie sich am schwächsten fühlen. Dazu gehören alle Arten von körperlichen und geistigen Beschwerden, einschließlich Krankheit, Depression und sogar Trauer. Das bedeutet nicht, dass wir denjenigen von vorne bis hinten bedienen müssen; es bedeutet nur, dass wir ihm etwas Kraft anbieten, wenn er sie am meisten braucht. Diese liebevolle Geste zeigt unserem Partner, dass wir uns um ihn kümmern, auch wenn er zu schwach ist, uns etwas zurückzugeben.

7   Nehmen Sie sich Zeit, Ihre Liebesgeschichte neu zu erleben

Jedes Paar hat eine einzigartige Liebesgeschichte. Sie umfasst all die wundervollen, aufregenden Dinge einer neuen Romanze: wie Sie sich kennengelernt haben, was Sie am Anfang über den anderen dachten, wann Sie wussten, dass Sie mit ihm zusammen sein wollten und vieles mehr. Eine großartige Möglichkeit, die Liebe und Leidenschaft immer wieder neu zu entfachen, besteht darin, Ihre Liebesgeschichte mit Ihrem Partner aktiv zu erleben. Warum besuchen Sie nicht den Ort, an dem Sie Ihr erstes Date hatten? Oder den Ort, an dem Sie sich zum ersten Mal küssten? Oder wie wäre es, wenn Sie sich einfach gegenseitig Ihre jeweilige Seite der Geschichte erzählen? Wann haben Sie beide gewusst, dass es Liebe ist? Wenn ein Paar all dies tut, tritt es einen Schritt zurück und erinnert sich daran, warum es zusammen ist. Es entfernt sich von seinen aktuellen Problemen und bemüht sich, den Zauber nicht aus den Augen zu verlieren. Wir alle haben eine Liebesgeschichte; nehmen Sie sich die Zeit, sich an Ihre zu erinnern.

8 Machen Sie Pläne für die Zukunft

Machen Sie sich keine Sorgen – dies bedeutet nicht, dass Sie anfangen müssen, Ihre Hochzeit zu planen oder Ihren zukünftigen Kindern einen Namen zu geben. Es bedeutet nur, dass Sie sich eine Zukunft ausmalen, in der Ihr Partner vorkommt. Es geht nicht darum, sich für immer zu binden, sondern darum, sich gemeinsame Ziele zu setzen und gemeinsame Träume zu schaffen. Bestimmen Sie etwas, auf das Sie beide gemeinsam hinarbeiten können. Das schafft eine hoffnungsvollere und kooperativere Atmosphäre in der Beziehung. Indem wir das tun, zeigen wir unserem Partner, dass auch er Teil des Traums und des Ziels ist. Es ist die positive Art der selbsterfüllenden Prophezeiung, bei der wir unbewusst unser Bestes geben, um uns an der Seite unseres Partners zu entfalten, weil wir ein Ziel haben, nach dem wir streben.

Kapitel fünf – Ihren Partner entschlüsseln

Am Anfang einer Romanze ist das Kennenlernen der Person, zu der man sich wahnsinnig hingezogen fühlt, eine aufregende Angelegenheit. Alles an ihm oder ihr ist faszinierend und beinahe fesselnd. Jede neue Macke, die Sie entdecken, ist liebenswert, sogar die eigentlich nervigen. Die einzigartigen Qualitäten des anderen ziehen Sie in ihren Bann und Sie sind überzeugt, dass es niemanden auf der Welt gibt, der so ist wie er oder sie. Ihre Gefühle sind auf die bestmögliche Weise entflammt. Sie können es kaum erwarten, Ihren Partner vollständig zu enträtseln und ihn in jeder Hinsicht kennenzulernen.

Sobald die Dinge ernst werden, wird sich Ihre Einstellung wahrscheinlich ändern. Das ist keine schlechte Sache. Es ist sogar ganz normal, wie ich im ersten Kapitel gezeigt habe. Während Sie Ihren Partner und seine einzigartigen Macken immer noch lieben, haben Sie auch die anderen Dimensionen seiner Persönlichkeit entdeckt; die Seiten, die zu Beginn überhaupt nicht offensichtlich waren. Jeder Mensch hat eine dunkle Seite. Wir alle haben innere Konflikte und unsere eigenen Bedürfnisse, und selbst wenn alle unsere Geheimnisse offengelegt sind, gibt es schlechte Tage, an denen die Uhren plötzlich anders ticken. Wie gesagt, das ist völlig normal. Das entspricht der menschlichen Natur. Es wird in jeder Beziehung vorkommen, und um ein guter Partner zu sein, müssen Sie lernen, damit umzugehen.

Ihr Partner mag sich manchmal wie ein Mysterium anfühlen, aber er oder sie ist viel einfacher gestrickt, als Sie denken. Es läuft alles auf die Grundbedürfnisse hinaus, die wir alle besitzen, und auf einige einzigartige Bedürfnisse, die ganz und gar seine eigenen sind. Mit der Zeit werden Sie diese kennenlernen und deren Erfüllung allmählich perfektionieren. Der Prozess, Ihren Partner zu entschlüsseln, erfordert Bewusstsein, Verständnis und Güte, aber er ist eines der besten Dinge, die Sie für Ihre Beziehung tun können. Das ist es, worum es in der Liebe geht.

Die besonderen Bedürfnisse Ihres Partners verstehen

Sie müssen die verschiedenen Bedürfnisse eines jeden einzelnen Partners, mit dem Sie zusammen sind, herausfinden. Das Problem ist, dass „Bedürfnisse" ein so vager Begriff ist, dass Sie vielleicht nicht wissen, wo Sie anfangen sollen. Wenn Sie Ihren Partner glücklich machen wollen, sollten Sie diese verschiedenen Arten von Bedürfnissen berücksichtigen und sicherstellen, dass Sie die Vorlieben Ihres Partners verstehen. Dazu bedarf es vielleicht bewusster Beobachtung, aber Sie sollten nicht zögern, diese Themen offen mit Ihrem Partner zu besprechen. Auf diese Weise entsteht gar nicht erst Verwirrung.

1   Sein Sexualtrieb und seine sexuellen Bedürfnisse

Es stimmt, dass unser Sexualtrieb schwanken kann, aber manche Menschen haben einfach stets einen viel höheren Sexualtrieb als andere. Und es gibt auch Menschen, die sich einfach nicht so sehr danach sehnen. Schätzen Sie die Bedürfnisse Ihres Partners ein oder fragen Sie ihn ganz einfach, wie hoch er seinen Sexualtrieb bemessen würde. Vielleicht finden Sie heraus, dass er einen ähnlichen Sexualtrieb hat wie Sie, aber Sie können auch feststellen, dass Sie unterschiedliche Bedürfnisse haben. Das bedeutet, dass Sie später einen Kompromiss finden müssen, damit sich keiner der Partner unbefriedigt fühlt. Sie werden auch herausfinden müssen, was der andere im Schlafzimmer besonders mag. Denken Sie daran, dass jeder Mensch anders ist und es vielleicht sogar von Vorteil ist, Ihren Partner ganz offen zu fragen, was ihm gefällt.

2 Die Art und Weise, wie er Stress abbaut und sich entspannt

Es gibt sicherlich Gemeinsamkeiten, aber größtenteils haben wir alle unterschiedliche Wege, um uns zu entspannen und abzuschalten. Für manche Menschen kann das totale Ruhe, gesundes Essen und einen Spaziergang im Park bedeuten. Andere hingegen wollen laut fernsehen, Videospiele spielen und nichts anderes als fettige Pizza essen. Sie werden sogar feststellen, dass manche Menschen gerne gesellig sind, wenn sie sich entspannen, und andere sind lieber ganz allein. Es ist immer am besten, herauszufinden, was die Bedürfnisse Ihres Partners nach einem langen Tag sind. Wenn Sie darüber Bescheid wissen, können Sie die richtigen Rahmenbedingungen für ihn schaffen; dann, wenn er es am dringendsten benötigt. Es ist dabei völlig normal, dass jeder Mensch mehrere Methoden hat, sich zu entspannen, aber Sie werden wahrscheinlich ein Muster erkennen. Wenn Sie und Ihr Partner gegensätzliche Arten der Entspannung bevorzugen, sollten Sie einen Weg zum Kompromiss finden.

3 Seine Vorstellung von Abenteuer

Abenteuer bedeutet nicht immer Fallschirmspringen oder Achterbahnfahren; unser Bedürfnis nach Abenteuer entsteht, wenn wir Energie haben und uns danach ist, etwas zu tun, das Spaß macht. Vielleicht sogar etwas, das sich von unserer üblichen Routine abhebt. Wir sind bereit, Energie zu verbrauchen, anstatt dass wir versuchen, sie zu erhalten. Eine gängige Vorstellung von Abenteuer in der heutigen Zeit ist es, abends in der Stadt auszugehen, zu tanzen und ein paar leckere Cocktails zu trinken. Aber manche Menschen haben selbst an ihren besten Tagen überhaupt keine Lust darauf. Sie sind lieber drinnen und gehen privaten Beschäftigungen nach. Vielleicht wollen sie kochen oder backen oder ein Work-out-Video absolvieren. Wenn es um Abenteuer geht, haben wir viele verschiedene Vorstellungen von Spaß. In diesem Fall ist es am besten, zu notieren, was Ihr Partner am liebsten macht, und auszuschließen, was er definitiv *nicht* als Spaß empfindet. Es ist wichtig, dass Sie entweder lernen, es auch zu genießen oder einfach akzeptieren, dass er es gerne tut, egal worum es sich handelt.

4 Ihre Bedürfnisse nach geistiger und intellektueller Anregung

Einfach ausgedrückt: Was wir als geistig und intellektuell anregend empfinden, ist das, was wir interessant finden. Es umfasst alle Themen, bei denen wir uns gerne herausgefordert fühlen und die wir mit Freude erforschen. Dies ist eines der am einfachsten zu entdeckenden Bedürfnisse, da die Menschen offener darüber sprechen, was sie geistig anregt. Sie müssen nur aufmerksam sein.

Manche Menschen stufen dies nicht als Bedürfnis ein, aber ich sehe das anders. Wenn uns das, was wir interessant finden, vorenthalten wird, verwelkt unsere Persönlichkeit und wir fühlen uns glanzlos, vielleicht sogar deprimiert. Diejenigen, die aufhören, sich mit Themen zu beschäftigen, die ihnen Spaß machen, können sogar darüber klagen, sich weniger wie sie selbst zu fühlen. Es ist wichtig, dass wir, sobald wir diese Bedürfnisse nach Anregung bei unserem Partner erkannt haben, immer aktiv zuhören und uns so viel wie möglich beteiligen. Welche Themen bereiten Ihrem Partner Freude? Was bringt seine Augen zum Leuchten? Was auch immer diese Themen sind, wir müssen unserem Partner immer erlauben, sie in das weitere Gespräch einzubringen. Auf diese Weise können wir helfen, sein Bedürfnis nach persönlicher Entwicklung zu befriedigen.

5 Sein Bedarf an emotionaler Unterstützung

Es wird unweigerlich eine Zeit kommen, in der Ihr Partner emotionale Unterstützung braucht. Obwohl die Bedürfnisse je nach Situation unterschiedlich sind, werden Sie feststellen, dass es Muster bezüglich dessen gibt, was er in Zeiten emotionaler Not als beruhigend empfindet. Für manche Menschen ist es wichtig, zu weinen. In diesem Fall sollten Sie sicherstellen, dass Sie ihm eine verständnisvolle Schulter zum Ausweinen bieten. Manche Menschen werden in Zeiten von emotionalem Stress hungriger und haben mehr Heißhunger. In diesem Fall sollten Sie versuchen, ihm Speisen anzubieten, die er als nahrhaft empfindet. Es gibt sogar Menschen, die ganz für sich sein müssen, um sich unterstützt zu fühlen. Es kann sein, dass sie einfach nur allein in die Natur flüchten wollen, und dafür brauchen sie Ihr Verständnis. Wann immer Ihr Partner eine Zeit des

Schmerzes durchmacht, versuchen Sie, zu erfahren, was den Schmerz lindert. In diesen Phasen kann es auch eine gute Idee sein, sich den fünf Liebessprachen zuzuwenden.

6 Seine spirituellen oder religiösen Bedürfnisse
Wenn Ihr Partner keiner bestimmten spirituellen oder religiösen Praxis anhängt, dann brauchen Sie sich um diesen Abschnitt keine Sorgen zu machen. Meistens treffen wir jedoch auf Menschen, die einen Hauch von Spiritualität in ihrem Leben haben. Spiritualität und Religion ist eine sehr persönliche Angelegenheit, und es ist sehr wichtig, dass wir die Entscheidungen und den Glauben unseres Partners respektieren. Selbst wenn es uns albern vorkommt, bringt es unserem Partner Frieden und das ist alles, was zählt. Informieren Sie sich darüber, welche spirituellen Praktiken Ihr Partner ausübt, wann er sie ausüben muss und ob es noch andere Anforderungen gibt, die er einhalten muss, wie z. B. diätetische Einschränkungen. Wir sollten ihre spirituellen Bedürfnisse niemals anfechten und uns nie über sie lustig machen.

7 Seine Unsicherheiten und Bedürfnisse nach Bestätigung
Sie werden keinen Partner ohne Unsicherheiten finden. So ist es nun mal. Wir sind alle Menschen und wir alle haben Ängste, die durch unsere Herkunft oder Persönlichkeit geprägt sind. Es ist absolut wichtig, dass Sie verstehen, was die Unsicherheiten Ihres Partners sind. Und vor allem müssen Sie wissen, wie Sie verhindern können, dass diese Unsicherheiten getriggert werden, und was er von Ihnen braucht, wenn dies doch geschieht. Nehmen wir zum Beispiel an, Ihr Partner fühlt sich unsicher wegen seines Gewichts. Diese

Unsicherheit könnte ausgelöst werden, wenn er oder sie jemandem begegnet, der sehr dünn und attraktiv ist. Solche Situationen sind unvermeidlich, deshalb ist es am besten, wenn Sie sich einen Aktionsplan für den Fall ausdenken, dass es dazu kommt. Vielleicht sollten Sie später versuchen, Ihrem Partner zu sagen, wie sexy er ist, und all Ihre Energie darauf konzentrieren, dass er sich attraktiv fühlt. Oder vielleicht möchte Ihr Partner die Sache einfach vergessen und etwas tun, das ihn völlig von seinem Körper ablenkt. Diese Bedürfnisse sind von Mensch zu Mensch unterschiedlich.

Fünf absolut notwendige Dinge, die Sie tun sollten, wenn Ihr Partner ein Trauma erlebt hat

Wenn Sie endlich die Person treffen, mit der Sie zusammen sein wollen, stehen die Chancen gut, dass diese schon verdammt viel gesehen hat, bevor Sie auftauchten. Manchmal sogar ein bisschen zu viel. Wenn Ihr Partner in seinen romantischen oder sexuellen Begegnungen von einem Trauma belastet wurde, müssen Sie sanfter mit ihm umgehen. Dies ist nicht verhandelbar. Wenn wir unser Verhalten nicht anpassen, werden wir unsere Partner nie glücklich machen und am Ende vielleicht noch mehr Schaden anrichten.

Es gibt viele Arten von Traumata, die eine schmerzhafte und emotionale Narbe hinterlassen können, von Betrug bis hin zu emotionalem Missbrauch und in einigen Fällen auch körperlichere Arten von Missbrauch. Kommunikationstaktiken sollten in bestimmten Fällen immer sanft erfolgen, um sicherzustellen, dass Sie den Partner nicht triggern oder ihn zum Rückzug veranlassen. Behalten Sie die folgenden Tipps immer im Hinterkopf, wenn Ihr Partner ein Trauma erlitten hat:

1 Lernen Sie das Trauma auf eine unaufdringliche Weise kennen

Bevor wir wissen, was zu tun ist, müssen wir wissen, womit wir es zu tun haben. Der erste Schritt ist der Versuch, etwas über das traumatische Ereignis zu erfahren. Je nach der Schwere des Traumas ist es vielleicht nicht so einfach, unseren Partner zu fragen, was passiert ist. Wenn es zu schmerzhaft ist, um es zu erzählen, oder er einfach nicht bereit ist, es uns zu sagen, gibt es nur zwei Dinge, die wir tun können: warten, bis er sich bereit fühlt, oder jemanden fragen, dem er nahesteht. Eine gute erste Maßnahme ist es, dem Partner zu sagen: „Du musst mir nichts erzählen, was du nicht willst, aber ich bin immer da, wenn du dich mir anvertrauen möchtest. Ich möchte nur wissen, wie ich dich am besten unterstützen kann." Lassen Sie ihn wissen, dass Sie sich für seine Vergangenheit interessieren und bereit sind, zuzuhören, aber dass Sie ihn nicht zu etwas drängen werden, was er nicht will. Es ist wichtig, dass Sie ihn in dieser Situation niemals zwingen oder ihm Schuldgefühle einreden.

2 Berücksichtigen Sie die Verhaltensweisen, die seine traumatischen Erinnerungen auslösen können

Diese Phase erfordert Ihr tiefes Einfühlungsvermögen. Denken Sie an die Eigenschaften und Verhaltensweisen, die ihn während dieses traumatischen Ereignisses verletzt haben. Manchmal ist es offensichtlich, wie z. B. körperliche Gewalt, aber nicht immer. Wenn Ihr Partner betrogen wurde, kann es sein, dass er sich durch etwas so Harmloses wie ein Gespräch zwischen Ihnen und Mitgliedern des anderen Geschlechts getriggert fühlt. Es kann sein, dass er an den Abenden, an denen Sie mit Ihren Freunden etwas trinken gehen, ängstlich wird. Wenn es Momente gibt, in denen Sie aufhören zu kommunizieren, könnte dies besonders schwer für ihn sein, da er vermuten könnte, dass Sie ein Geheimnis haben. Erkennen Sie das Verhalten, das bei dem traumatischen Vorfall eine Rolle gespielt hat, aber auch, was dazu geführt haben könnte.

3 Entscheiden Sie sich für alternative oder veränderte Verhaltensweisen

Es ist nicht immer realistisch, jedes einzelne Verhalten zu unterbinden, das unseren Partner möglicherweise triggern könnte. Während es einfach (und absolut notwendig) ist, jemanden nicht zu missbrauchen, ist es nicht einfach oder realistisch, das Gespräch mit Mitgliedern des anderen Geschlechts komplett einzustellen. Was können wir also stattdessen tun? Es ist ganz einfach: Wir müssen die Art und Weise, wie wir mit diesen Situationen umgehen, ändern. Wenn Sie zum Beispiel einem Mitglied des anderen Geschlechts eine Nachricht schreiben, könnten Sie in Erwägung ziehen, Ihrem Partner die Nachrichten zu zeigen, damit er sich keine Sorgen macht. Wenn er ängstlich wird, wenn Sie mit Kumpels etwas trinken gehen, könnten Sie in Erwägung ziehen, sich alle paar Stunden telefonisch bei ihm zu melden. Oder Sie schicken ihm ein Foto von Ihnen an Ihrem aktuellen Aufenthaltsort. Werden Sie kreativ bei der Frage, wie Sie Ihr Verhalten ändern können, ohne ganz normale Handlungen zu unterbinden. Und Sie sollten sich nicht scheuen, Ihren Partner einfach zu fragen: „Was kann ich tun, damit es dir in dieser Situation besser geht?"

4 Verstehen, was er braucht, wenn er getriggert wird

Hoffentlich passiert das nie, aber wenn das Trauma Ihres Partners mit gemeinsamen Ereignissen verbunden ist, kann es unvermeidlich sein, dass er oder sie getriggert wird. Wenn dies geschieht, sollten Sie völlig ruhig und sanft gegenüber Ihrem Partner agieren. Wenn Sie aus irgendeinem Grund wütend auf ihn sind, sollten Sie diese Gefühle hintanstellen, bis er sich nicht mehr überwältigt fühlt. Andernfalls wird dies die Situation nur noch verschlimmern.

Wie sich diese Situation äußert, ist bei jeder Person unterschiedlich, aber die häufigste Reaktion ist entweder Weinen oder das Wechseln in den Selbstverteidigungsmodus, so, als ob das Trauma wieder passiert und derjenige sich davor schützen muss. Am besten ist es, Beruhigung anzubieten und einen besänftigenden Tonfall anzunehmen. Wenn Ihr Partner ein Opfer von Gewalt war, gehen Sie auf Nummer sicher und berühren Sie ihn erst, wenn er dazu bereit ist. Verstehen Sie, dass unsere Partner manchmal keine offensichtlichen Anzeichen dafür zeigen, dass sie getriggert werden. Stattdessen werden sie vielleicht nur still und deprimiert. Es ist wichtig, auf weniger auffällige Reaktionen zu achten, wenn Sie wissen, dass Ihr Partner einem potenziellen Trigger ausgesetzt war.

Was jeder Mensch braucht, hängt stark von der Person und dem erlebten Trauma ab. Eine gute Faustregel ist, den Auslöser so schnell wie möglich zu beseitigen und das Gegenteil von dem zu tun, was ihn bewirkt hat.

5 Wissen, was Sie tun können, um ihm zu helfen, nach vorne zu blicken

Wenn das Trauma schwerwiegend ist und nur sehr selten zur Sprache kommt, ist es am besten, diese Phase ganz außer Acht zu lassen. Wenn das Trauma jedoch Ihrer Beziehung im Weg steht oder Ihren Partner daran hindert, im Leben Fortschritte zu machen, sollten Sie sich überlegen, wie Sie ihm helfen können, mit dem Geschehenen Frieden zu schließen. Das kann bedeuten, dass Sie sich professionelle Hilfe suchen oder gemeinsam Schritt für Schritt Lösungen finden. Es ist wichtig, dass diese Lösungen nicht nur in Ihrer Verantwortung liegen; diese Schritte sollten auch Ihren Partner herausfordern, gesündere Reaktionsmuster zu entwickeln.

Kehren wir zum Beispiel des eifersüchtigen Partners zurück. Es ist nicht realistisch, von jemandem zu erwarten, dass er Sie alle paar Stunden anruft, wenn er etwas trinken geht. Idealerweise sollte der eifersüchtige Partner dieses Verhalten ablegen, sobald die Beziehung beginnt, langfristiger zu werden. Um diesen positiven Übergang zu beginnen, könnten Sie die Häufigkeit der Anrufe während des Ausgehens reduzieren oder beschließen, nur noch jede Stunde eine Nachricht zu schreiben. Der eifersüchtige Partner sollte sich Maßnahmen einfallen lassen, mit denen er vermeiden kann, sich während dieser Zeit niedergeschlagen oder deprimiert zu fühlen. Vielleicht könnte er ebenfalls mit Freunden ausgehen oder seine Energie in ein intensives Work-out stecken. Schaffen Sie eine positive neue Gewohnheit, die an die Stelle der ungesunden Reaktionen tritt. Auf diese Weise haben alle etwas davon.

Kapitel sechs – Es geht nur um Sie

Uns wird oft gesagt, wir sollten einen Partner finden, der uns so liebt, wie wir sind. Das ist bis zu einem gewissen Grad wahr. Wir alle sollten von unseren Partnern erwarten, dass sie uns für unsere Vorlieben, Abneigungen und positiven Eigenschaften lieben und akzeptieren, ohne zu versuchen, sie zu ändern. Sie sollten uns sogar für unsere Macken, Schwächen und Eigenarten lieben. Sie sollten das lieben, was uns anders macht. Aber von keinem Partner sollte jemals erwartet werden, dass er negatives oder destruktives Verhalten duldet, das ihn zutiefst beeinträchtigt. Ihre arrogante Haltung, Ihre manipulativen Tendenzen, Ihre hartnäckige Faulheit; nichts davon liegt in der Verantwortung Ihres Partners, und wenn diese Dinge ihn verletzen, wäre es grausam, von ihm zu verlangen, dies zu akzeptieren. Von unseren Partnern zu erwarten, sich allein mit dem auseinanderzusetzen, was sie verärgert und verletzt, wird unweigerlich zu Verachtung führen. Und Verachtung ist eines der wenigen Dinge, von denen eine Beziehung sich nicht erholen kann.

Die meisten Beziehungen scheitern, weil ein oder beide Partner sich weigern, die Arbeit an sich selbst zu leisten. Ich fordere Sie jetzt auf, nicht der Partner zu sein, der nicht an sich arbeitet. Seien Sie nicht derjenige, der sich nicht die Mühe macht. Sie mögen sich jetzt entrüstet fühlen, aber wenn die Beziehung endet und Sie erkennen, dass Sie sich nicht angestrengt haben, werden Sie es bitter bereuen. Arbeiten Sie an sich, bevor es zu spät ist.

Und denken Sie daran, dass das noch nicht alles ist. Das Verhalten, das Ihren Partner jetzt verletzt, wird wahrscheinlich alle Ihre zukünftigen Partner verletzen. Solange Sie eine glückliche, gesunde Beziehung führen wollen, werden Sie weiterhin eine positive Selbstveränderung brauchen.

Wie Sie sofort ein besserer Partner werden

Wenn Sie es Ihrem Partner recht machen wollen, implementieren Sie diese einfachen Gewohnheiten in Ihr Verhalten ihm gegenüber. Etablieren Sie diese neuen Kommunikationsnormen und Sie werden sofort anfangen, bessere Ergebnisse in Ihrer Beziehung zu sehen.

1 Fragen Sie nach dem, was Sie brauchen

Erwarten Sie nicht, dass Ihr Partner Ihre Gedanken lesen kann. Er hat sein eigenes Leben, mit eigenen Bedürfnissen, und Sie können nicht erwarten, dass er tatenlos zusieht und versucht zu erraten, wie Sie sich fühlen. Nach dem zu fragen, was Sie brauchen, macht Sie nicht bedürftig, es macht Sie selbstbewusst und emotional reif. Es zeigt, dass Sie Ihre Beziehung wertschätzen, weil es Ihnen ernst damit ist, bessere Bedingungen zu schaffen. Anstatt von Ihrem Partner zu erwarten, dass er sich ein Bein ausreißt, sagen Sie ihm offen, wie er helfen kann. Das macht es für ihn einfach und gibt ihm eine echte Chance, sein Verhalten zu ändern.

Wenn Sie um das bitten, was Sie brauchen, ist es viel wahrscheinlicher, dass Sie *bekommen*, was Sie brauchen. Um das beste Ergebnis aus Ihrer Diskussion zu erzielen, denken Sie daran, „Ich fühle"-Aussagen zu verwenden.

2 Ein Problem ansprechen, bevor es schlimmer wird

Es gibt viele Gründe, warum wir vermeiden, Probleme anzusprechen. Manchmal liegt es daran, dass uns die Konfrontation unangenehm ist, dass wir Angst vor der Reaktion der anderen Person haben, oder vielleicht wollen wir einfach nicht zugeben, dass es ein Problem gibt. So besteht das Problem oft weiter und verschlimmert sich. Wenn wir vermeiden, unsere Probleme anzusprechen, riskieren wir zwei Dinge:

- Wir explodieren vor unserem Partner, wenn wir es einfach nicht mehr aushalten können. Wenn wir bis zu unserer Belastungsgrenze gehen, ist es wahrscheinlicher, dass wir harte Worte äußern, obwohl wir sie nicht so meinen. Das kann unseren Partner verletzen und sogar dauerhaften Schaden in der Beziehung anrichten.

- Wir entwickeln Verachtung für unseren Partner. Wenn wir unserem Partner nicht die Möglichkeit geben, es besser zu machen, wird es nicht besser werden. Dies wiederum wird uns mehr und mehr frustrieren und schließlich zu Groll führen. Vielleicht wimmelt es in Ihrem Kopf von Fragen wie: „Warum um alles in der Welt hat er/sie das nicht bemerkt? Warum ist er/sie sich nicht klar darüber, was das mit mir macht?" Das kann dazu führen, sich nicht umsorgt zu fühlen, und zu Wut auf Ihren Partner, weil er Ihnen das zumutet. Kurzum: Sie machen das *selbst durch*, wenn Sie Ihrem Partner nicht sagen, was los ist!

3 Achten Sie auf das Timing

Achten Sie immer auf das Timing dessen, was Sie tun und zu Ihrem Partner sagen. Das macht einen großen Unterschied in der Reaktion, die Sie von ihm erhalten werden. Wenn Sie versuchen, ein ernsthaftes Gespräch mit ihm zu führen, tun Sie dies nicht, wenn er erschöpft von der Arbeit ist oder einen schlechten Tag hatte. Dies könnte zu einem Streit führen, da er nicht bei klarem Verstand ist. Nutzen Sie das Timing immer zu Ihrem Vorteil. Sprechen Sie mit Ihrem Partner am Morgen, nachdem er gut geschlafen hat oder an einem Tag, an dem er ausgeglichen scheint.

Diese Regel erstreckt sich auch über ernsthafte Gespräche und Diskussionen hinaus. Wann immer Sie eine Entscheidung treffen wollen, die sowohl Sie als auch Ihren Partner betrifft, denken Sie daran, wie dies ihren Zeitplan und ihre Termine beeinträchtigt. Wenn es Tage im Jahr gibt, die für Ihren Partner besonders schwer sind (z. B. Jahrestage von Todesfällen), denken Sie daran. Achten Sie darauf, dass Sie keine großen gesellschaftlichen Ereignisse planen, wenn er sich lieber zurückziehen möchte.

4 Verwenden Sie eine sanfte und konstruktive Sprache

Fehler passieren. Und manchmal haben unsere Partner nicht immer die besten Ideen. Trotzdem sollten Sie sich immer bemühen, konstruktiv zu bleiben, wenn Sie Ihrem Partner ein Feedback geben. Erkennen Sie an, was er richtig gemacht hat, aber weisen Sie auch auf Möglichkeiten zur Weiterentwicklung hin. Wenn Sie das Bedürfnis haben, Ihren Partner zu kritisieren, formulieren Sie Ihre

Kommentare immer im Hinblick darauf, wie er sich verbessern kann. Wenn Sie ihm das Gefühl geben, dass alles, was er tut, falsch ist, werden Sie die Situation nicht verbessern, sondern ihn nur davon abhalten, mit Ihnen zu kooperieren. Konzentrieren Sie sich immer auf Lösungen.

5 Stets ein offenes Ohr haben

Diese Prämisse wird oft wiederholt, und zwar aus gutem Grund. Aktives Zuhören in unserer Beziehung ist extrem wichtig. Tatsächlich ist es direkt mit der Gesamtqualität der Kommunikation zwischen uns und unserem Partner verbunden. Und in einer unglücklichen Beziehung ist es sehr üblich, dass sich mindestens ein Partner darüber beschwert, dass er sich nicht verstanden fühlt und sein Partner ihm nie zuhört. Indem wir aktiv zuhören, bleiben wir im Gespräch präsent. Wir zeigen unserem Partner damit Respekt. Und wir verringern zudem die Wahrscheinlichkeit von Missverständnissen. Wenn Ihr Partner das nächste Mal spricht, warten Sie nicht nur darauf, dass Sie an der Reihe sind, um zu antworten, sondern nehmen Sie wirklich alles in sich auf, was er sagt.

6 Halten Sie Ihre Erwartungen freundlich und realistisch

Wir alle bewegen uns durch das Leben und kommen in unterschiedlichen Geschwindigkeiten voran. Das gilt auch für Sie und Ihren Partner. Wenn Sie viel zu viel von ihm erwarten, verursachen Sie unnötige Enttäuschungen bei sich selbst und Verletzungen bei Ihrem Partner. Wenn es Ihnen so vorkommt, als ob Sie immer darauf warten, dass Ihr Partner endlich all Ihre Erwartungen erfüllt, dann treten Sie einen Schritt zurück und überprüfen Sie das

Ausmaß dessen, was Sie verlangen. Wenn Sie ständig enttäuscht werden, überlegen Sie, warum, bevor Sie weitere Maßnahmen ergreifen. Versuchen Sie, seine Persönlichkeit zu verändern? Verlangen Sie zu schnell zu große Anpassungen? Sind Ihre Forderungen unsensibel gegenüber seinen aktuellen Lebensumständen? Dies sind alles notwendige Fragen, die Sie sich stellen müssen.

Einige konkrete Beispiele für unfaire Erwartungen:

- von Ihrem Partner zu erwarten, dass er sich um alle häuslichen Pflichten kümmert, wenn jemand, der ihm nahesteht, gerade verstorben ist

- zu wollen, dass Ihr Partner sportlich wird, weil Sie sich am meisten zu sportlichen Menschen hingezogen fühlen

- von Ihrem Partner zu erwarten, dass er nach einem stressigen Arbeitstag ein wunderbares Essen kocht und das Haus blitzblank hält

- von Ihrem Partner zu verlangen, dass er im Bett sofort all Ihre Wünsche erfüllt, wenn er bereits sein Bestes gibt

- von Ihrem Partner zu erwarten, dass er die gleichen positiven Eigenschaften hat wie Ihr vorheriger Partner

Bitte beachten Sie, dass diese Erwartungen nicht für Fragen des Mitgefühls, des Respekts, der Sicherheit, der Rücksichtnahme und der Güte gelten. Diese zählen nicht als hohe Erwartungen, sie zeugen vielmehr von grundlegendem menschlichen Anstand. Egal, was Ihr Partner gerade durchmacht, er sollte diese grundlegenden Erwartungen immer erfüllen.

7 Hören Sie auf, die Vergangenheit heraufzubeschwören

Um das klarzustellen: Es ist nicht das Heraufbeschwören der Vergangenheit an sich, das schädlich ist, sondern wenn wir die Vergangenheit ausgraben, um einen Streit zu beginnen. Wenn Sie bereits über das Geschehene gesprochen haben und Ihr Partner sich entschuldigt hat, sollten Sie ihm seine Fehler nicht weiter vorhalten. Wenn wir das tun, zeigen wir damit, dass wir ihm nicht wirklich vergeben haben. Solange wir diesen Groll aufrechterhalten, schaffen wir Negativität in der Beziehung. Entweder sollten Sie diesen Fehler hinter sich lassen und Ihrem Partner vergeben, oder wenn Sie ihm nicht vergeben können, tun Sie, was getan werden muss, und beenden Sie die Beziehung. Dem Partner weiterhin vergangene Fehler vorzuwerfen, ist ein grausamer Akt, da es ihn in dem Fehler gefangen hält. Nicht nur das, es erhöht auch die Wahrscheinlichkeit, dass wir uns in umständliche Gespräche verstricken, aus denen wir nie mehr herausfinden. Da wir so sehr an dem Problem hängen, können wir nie zu Lösungen übergehen. Hören Sie auf, die Vergangenheit als Waffe zu benutzen, und tun Sie Ihr Bestes, darüber hinwegzukommen, wenn Sie sich entscheiden zu bleiben.

8 Sprechen Sie öfter Dankbarkeit aus

Die Wissenschaft hat bewiesen, dass wir uns sofort glücklicher fühlen, wenn wir dem Leben mit Dankbarkeit begegnen. Das Aussprechen von Dankbarkeit in unseren Beziehungen führt nicht nur dazu, dass wir selbst glücklich sind, sondern es kann auch für unsere Partner transformativ und kraftvoll sein. Indem wir Dankbarkeit zeigen, erinnern wir sie an ihren enormen Wert und heben hervor, was sie richtig machen.

Dankbarkeit zu empfangen, kann unglaublich ermutigend sein. Wenn Ihr Partner eine harte Zeit durchmacht, wird es mehr Motivation und Fortschritt entfachen, was letztendlich auf lange Sicht mehr Zufriedenheit schafft. Aber vor allem zeigt es ihm, dass seine Bemühungen nicht ungesehen bleiben und dass Sie alles, was er tut, anerkennen. Dadurch wird er sich sofort positiver und wertgeschätzt fühlen. Dankbarkeit ist insgesamt ein großer Gewinn für alle. Sprechen Sie sie öfter aus! Sie werden froh sein, dass Sie es getan haben. Es reicht aus, Ihrem Partner zu sagen: „Ich liebe und schätze dich", oder eine bestimmte Handlung hervorzuheben, die er getan hat oder tut, und genauer zu erklären, warum Sie so dankbar dafür sind.

Ihren Bindungsstil in der Beziehung verstehen

Unsere Bindungsstile werden in der frühen Kindheit geformt und sie spielen eine große Rolle in unseren Beziehungen. Nach Ansicht von Psychoanalytikern hängt der Bindungsstil, den wir ausbilden, von dem Verhältnis ab, das wir zu unseren Bezugspersonen in der Kindheit hatten. Dieser Stil bestimmt unsere Verhaltensmuster, die Art von Beziehungen, die wir am ehesten wählen, und im Wesentlichen, wie wir unsere Bedürfnisse erfüllt bekommen.

Kein Bindungsstil ist per se „schlecht", aber einige sind weniger förderlich für harmonische Beziehungen und führen eher zu ungesundem Verhalten. In jedem Fall ist es wichtig, dass wir uns unseres Bindungsstils (und auch desjenigen unseres Partners) bewusst sind, damit wir unsere Verhaltensmuster und Reaktionen besser verstehen können.

1 Der ängstlich-besorgte Bindungsstil

Menschen mit diesem Stil neigen dazu, sich nach emotionaler Bindung zu sehnen, und haben möglicherweise einige turbulente Beziehungen hinter sich. Sie tendieren dazu, nicht gerne allein zu sein und dazu, sich ihren Traumpartner vorzustellen. Leider stößt dieser Bindungsstil in einer Beziehung auf eine Menge Stressfaktoren. Viele davon sind selbst verschuldet. In Zeiten emotionalen Stresses können Menschen mit diesem Bindungsstil eifersüchtig, besitzergreifend oder bedürftig werden. Sie brauchen viel Liebe und Bestätigung und können negativ reagieren, wenn sie keine Rückversicherung oder positive Bestärkung erhalten.

Man kann sagen, dass dieser Typus sehr zum Grübeln neigt. Er ist sich selbst oft sein ärgster Feind und hat große Angst davor, verraten zu werden. Diejenigen mit diesem Bindungsstil machen etwa 20 % der Bevölkerung aus.

2 Der abweisend-vermeidende Bindungsstil

Ganz im Gegensatz zum ängstlichen Typus sind Menschen mit abweisend-vermeidendem Bindungsstil in hohem Maße selbstgenügsam. Dieser Typus zeigt ein großes Maß an Unabhängigkeit und braucht viel Freiheit in seinen Beziehungen. Obwohl er sich insgeheim eine tiefe Verbindung wünscht, wirkt er verschlossen und lässt sich selten auf tiefe Beziehungen ein. Viele Menschen, die mit diesem Typus zusammen sind, beschweren sich schlussendlich darüber, dass ihr Partner emotional nicht verfügbar und manchmal sogar gleichgültig erscheint. Es kostet ihn mehr Überwindung, sich verletzlich zu zeigen, und manche haben sogar eine Bindungsphobie. Sie neigen dazu, Intimität als einen Verlust ihrer persönlichen Freiheit zu sehen.

Personen mit vermeidendem Bindungsstil sind so sehr daran gewöhnt, sich um ihre eigenen Bedürfnisse zu kümmern, dass sie von Süchten geplagt werden können, um mit sich selbst fertigzuwerden. Das kann Drogenmissbrauch sein oder etwas weniger Schädliches wie Sport oder Essen. Ungefähr 23 % der Bevölkerung zeichnet sich durch diesen Bindungsstil aus.

3   Der ängstlich-vermeidende Bindungsstil

Dieser Typus lebt mit einer Menge an Konflikten. Als Kombination der beiden vorherigen Stile zeigt der ängstlich-vermeidende ein gegensätzliches Verhaltensmuster. Er sehnt sich zutiefst nach einer engen Bindung und doch möchte ein Teil von ihm in Sicherheit flüchten. Leider neigt dieser Typus dazu, beides zu tun. In seinen schlimmsten Momenten kann er sich an seinen Partner klammern und sogar ziemlich bedürftig erscheinen. Aber sobald sein Partner ihm nahekommt und ihn tröstet, kann er sich plötzlich erdrückt und gefangen fühlen. Wie ängstlich-besorgte Persönlichkeiten sind auch ängstlich-vermeidende anfällig für turbulente Beziehungen.

Dieser unberechenbare Typus hat keine feste Strategie zur Erfüllung seiner Bedürfnisse. Seine Verhaltensmuster sind oft das Ergebnis eines Traumas durch Verlassenwerden oder Missbrauch. Dies ist der seltenste Bindungsstil und macht nur 1 % der Bevölkerung aus.

4 Der sichere Bindungsstil

Wie der Name schon sagt, ist dieser Bindungsstil der sicherste der vier und wird weithin als der emotional gesündeste angesehen. Personen mit diesem Bindungsstil haben ein höheres Maß an emotionaler Intelligenz und finden es einfacher, ihre Gefühle zu regulieren. Es fällt ihnen leicht, gesunde Grenzen zu setzen und sie haben eine allgemein positive Einstellung zu Beziehungen. Dieser Typus fühlt sich in einer Beziehung sicher, kommt aber auch gut allein zurecht. Insgesamt ist er tendenziell zufriedener in Beziehungen und hat es viel leichter, eine gesunde Verbindung einzugehen.

Der sichere Bindungsstil bildet sich aus, wenn die eigene Kindheit als überwiegend positiv erlebt wird. Die Bezugspersonen wurden als sicher und verlässlich wahrgenommen, sodass dieser Typus diese Erfahrung auch auf alle zukünftigen Beziehungen projiziert. Dies ist die häufigste Variante von allen, mit einem Bevölkerungsanteil von 57 %.

Die meisten Menschen ändern ihren Bindungsstil nicht, aber es ist durchaus möglich, dies zu tun. Jede Person mit einem der weniger gesunden Stile kann durch viel Arbeit an sich selbst sicherere Eigenschaften entwickeln. Damit dies geschieht, sollte die Person jedoch eine Therapie machen und/oder die Gesellschaft von jemandem mit einem sicheren Bindungsstil suchen. Durch die Kultivierung des Selbstbewusstseins und die Bereitschaft, bessere Gewohnheiten zu entwickeln, kann sich jeder von seinem ungesunden Verhalten lösen.

Wissenswerte Tipps für den Beginn einer neuen Beziehung, wenn Sie schlechte Beziehungen hinter sich haben

Trifft einer der ersten drei Bindungsstile auf Sie zu? Wenn ja, hatten Sie wahrscheinlich ein paar schlechte, vielleicht sogar missbräuchliche Beziehungen. Möglicherweise arbeiten Sie gerade ein paar negative oder sogar regelrecht destruktive Verhaltensweisen auf, aber es sei Ihnen versichert, dass es möglich ist, darüber hinwegzukommen. Viele Menschen haben es allein geschafft. Und mit einem liebevollen Begleiter an Ihrer Seite können Sie gemeinsam daran arbeiten.

Das Trauma, das wir erleiden, kann die Art und Weise prägen, wie wir mit unseren Partnern kommunizieren, und die imaginären Stressfaktoren, die wir mit höherer Wahrscheinlichkeit erleben. Aus diesem Grund können wir in Situationen, die normalerweise niemanden aufregen würden, mehr Angst, Wut oder Verzweiflung zum Ausdruck bringen. Das ist unseren Partnern gegenüber nicht immer fair, zumal sie nicht diejenigen sind, die uns verletzt haben, und es ist wichtig, dass wir nicht selbst ausfällig werden oder unseren neuen Partnern Kummer bereiten. Behalten Sie die folgenden Tipps im Hinterkopf, um Ihre emotionale und geistige Gesundheit zu erhalten und gleichzeitig Rücksicht auf Ihren Partner zu nehmen.

Bitte beachten Sie, dass diese Tipps bei schweren Traumata nicht als Ersatz für die Hilfe einer psychiatrischen Fachkraft gedacht sind.

1 Erstellen Sie eine Liste von Verhaltensweisen, die Sie nicht mehr tolerieren werden

Um erfolgreich einen Neuanfang zu wagen, ist es wichtig, dass wir erkennen, was wir aus unserem Leben streichen möchten. Wenn Sie in der Vergangenheit viel Schmerz erlebt haben, machen Sie eine Liste mit Verhaltensweisen früherer Partner, die Ihnen erheblichen Schmerz zugefügt haben. Diese Liste ist genau das, was Sie von jetzt an in Beziehungen nicht mehr tolerieren sollten. Sie werden keine Ausreden für zukünftige missbräuchliche Partner mehr finden, denn diese Liste macht es einfach; entweder haben sie sich schuldig gemacht oder nicht. Schauen Sie sich diese Liste immer wieder an, um sich an ihren Inhalt zu erinnern, und zeigen Sie sie ruhig neuen Partnern, sobald Sie sich ernsthaft binden.

Diese Liste ist auch deshalb hilfreich, weil in Zeiten emotionaler Not unsere Gefühle unser Urteilsvermögen trüben können. Sie kann uns davor bewahren, ungerechtfertigte Wut oder Verärgerung an Partnern auszulassen, die nichts falsch gemacht haben. Wenn Sie zum Beispiel einen schlechten Tag haben, fühlen Sie sich vielleicht misstrauischer oder ängstlicher als sonst. Wenn dann etwas vorfällt, könnten Sie überreagieren. Wenn Sie auf Ihre Liste zurückblicken, werden Sie sehen, dass das von Ihnen beschriebene Verhalten eigentlich nicht auf Ihren Partner zutrifft. Dadurch wird klar, dass das Gefühl wahrscheinlich von innen kommt, weil Sie einen schlechten Tag haben.

Damit diese Liste wirklich erfolgreich ist, sollten wir strikt das Verhalten und nicht die Gefühle aufschreiben. Wenn Sie zu Ihrer Liste hinzufügen, dass Sie nicht tolerieren, dass

Ihnen jemand Schmerzen zufügt, wird es knifflig; manchmal können wir uns selbst Schmerzen zufügen und glauben fälschlicherweise, dass es die Schuld unserer Partner ist. Und holen Sie sich ruhig eine Meinung von außen, ob das aufgeschriebene Verhalten ausreichend und angemessen ist.

2 Wenn Sie bereit sind, teilen Sie Ihrem neuen Partner mit, was passiert ist

Damit unsere Partner uns bestmöglich unterstützen können, müssen sie wissen, womit sie es zu tun haben. Ohne zu wissen, was passiert ist und wie es sich auf uns ausgewirkt hat, werden sie keine Ahnung haben, wie sie helfen können. Teilen Sie ihnen mit, was passiert ist, was Sie von ihrem Partner brauchen und was Sie tun, um sich selbst zu helfen, darüber hinwegzukommen.

Wenn Sie noch nicht bereit dazu sind, es ihm zu sagen, dann warten Sie, bis Sie so weit sind, aber erwarten Sie in der Zwischenzeit nicht, dass er von selbst *weiß*, wie er helfen kann. Wenn Sie nicht glauben, dass Sie in nächster Zeit bereit sein werden, es ihm mitzuteilen, können Sie einen Freund bitten, es Ihrem neuen Partner zu sagen. Das ist zwar nicht die ideale Art, es ihm mitzuteilen, aber besser, als ihn im Dunkeln tappen zu lassen. Alles in allem ist es für Ihren neuen Partner immer am besten, so viele Informationen wie möglich zu haben, damit er Ihnen genau die Unterstützung bieten kann, die Sie brauchen.

3 Verlassen Sie sich auf Ihre Bezugspersonen, wann immer es nötig ist

Unsere engsten Freunde und Familie sind unsere größten Verbündeten. Wenn Sie sich jemals unsicher fühlen, nutzen Sie die Menschen, die Ihnen nahe sind, um sich ihnen anzuvertrauen, und bitten Sie sie um eine Meinung von außen. Unsere Gefühle sind nicht immer vertrauenswürdig, da uns vergangene Traumata anfälliger für bestimmte Reaktionen machen. Fragen Sie jemanden, dem Sie vertrauen und der Ihnen eine unvoreingenommene Meinung geben kann. Treffen Sie nicht alle wichtigen Entscheidungen allein.

Außerdem ist es wichtig, dass die Person, die Sie um Rat fragen, jemand ist, dessen Liebesleben Ihnen ein Vorbild ist. Menschen haben unterschiedliche Ansichten. Wenn eine Person in einer gesunden Beziehung Ihnen einen Ratschlag gibt, aber zehn Menschen in schlechten Beziehungen das Gegenteil sagen, sollten Sie immer auf die Person hören, die das erlebt hat, was Sie sich am meisten wünschen. Suchen Sie sich möglichst neutrale Personen; wenn Sie mit Eifersucht zu kämpfen haben, holen Sie sich keinen Rat von jemandem, der auch mit Eifersucht zu kämpfen hat.

4 Widerstehen Sie Vergleichen mit früheren Partnern

Wenn wir in einer neuen Beziehung sind, ist es ganz natürlich, dass unser Gehirn vergangene Beziehungen und Partner als Referenzpunkte verwendet. Dies tut es in dem Versuch, eine neue Situation zu verstehen. Obwohl dieser Instinkt natürlich ist, sollten Sie bedenken, dass die Analysen des Gehirns nicht immer korrekt sind. Wenn wir auf neues Terrain stoßen, sind unsere vergangenen Erfahrungen eine sehr begrenzte Wissensquelle, aus der wir schöpfen können.

Machen Sie sich die Mühe, sich daran zu erinnern, dass Ihr jetziger Partner nicht Ihr früherer Partner ist. Ihr Gehirn wird versuchen, Vergleiche anzustellen, aber widerstehen Sie diesen, wenn Sie können. Wenn das Verhalten Ihres neuen Partners anders ist als das, was Sie vorher erlebt haben, dann erinnern Sie sich daran, dass es keinen Grund gibt, das gleiche Ergebnis zu erwarten wie zuvor. Wenn es keine wirklichen Beweise gibt, gibt es auch keinen Grund, das Schlimmste zu befürchten. Wenn Ihr früherer Partner Sie mit einem Freund des anderen Geschlechts betrogen hat, denken Sie daran, dass es viele Menschen gibt, die so etwas nicht tun. Es gibt keinen Grund, sofort wütend oder gekränkt zu werden. Ihr jetziger Partner hat Sie nicht so verletzt wie Ihr früherer Partner, also bestrafen Sie ihn nicht für etwas, das er nicht getan hat.

Es ist besonders wichtig, dass wir keine Vergleiche zu früheren Partnern äußern. Wenn unser aktueller Partner nichts falsch gemacht hat, wird dies als sehr beleidigend rüberkommen. Wenn Sie in der Hitze des Gefechts den Drang verspüren, dies zu tun, widerstehen Sie ihm unbedingt.

5 Erwarten Sie nicht, dass Ihr Partner alles für Sie regelt

Sie sollten auf jeden Fall Unterstützung von Ihrem Partner in Zeiten der Heilung erwarten. Es besteht jedoch ein großer Unterschied zwischen Unterstützung und einer emotionalen oder psychologischen Krücke. Unterstützung überschreitet die Grenze zur „Krücke", wenn Sie aufhören, selbst an den Dingen zu arbeiten. Anstatt die Eigenarbeit zu leisten, um Ihr Verhalten und Ihre Denkmuster zu verändern, erwarten Sie von Ihrem Partner, dass er *sein* Verhalten ändert. Plötzlich lastet ein starker Druck auf dem „Krücken"-Partner, alles in Ordnung zu bringen, und wenn etwas schief geht, bekommt er automatisch die Schuld zugewiesen. Vermeiden Sie dieses Verhalten auf jeden Fall! Ihr Partner wird mit Sicherheit einen Groll gegen Sie entwickeln, und niemand würde es ihm verübeln – jemanden zu zwingen, Ihre Krücke zu sein, ist grausam!

Wenn wir uns auf solche Verhaltensweisen einlassen, werden wir sofort stagnieren. Da jemand anderes uns bemuttert, werden wir nie herausgefordert, und das bedeutet, dass wir nicht daran wachsen werden. Denken Sie daran, dass es nicht immer schlecht ist, sich unwohl zu fühlen. Wir sollten unser Unbehagen immer untersuchen und sehen, ob es etwas ist, woran wir arbeiten können, bevor wir jemand anderes bitten, sich zu ändern. Erwarten Sie von Ihrem Partner nicht, dass er alle Ihre Bedürfnisse (oder sogar noch mehr!) erfüllt, ohne im Gegenzug auch die seinen zu erfüllen. Eine Vorgeschichte von schlechten Beziehungen ist keine Rechtfertigung dafür, einen neuen Partner auszunutzen.

6 Fangen Sie an, Selbstfürsorge zu einem wesentlichen Teil Ihrer Routine zu machen

Eine wirkungsvolle Sache, die wir für uns selbst tun können, ist, Selbstfürsorge zu praktizieren. Verwerfen Sie die Vorstellung, dass Selbstfürsorge nur etwas für besondere Anlässe ist, und bauen Sie sie in Ihre tägliche oder wöchentliche Routine ein. Selbstfürsorge muss kein Geld kosten; sie meint nur, dass Sie sich erlauben, das zu tun,

wodurch Sie sich gelassen und umsorgt fühlen. Selbstfürsorge ist, wenn Sie sich wieder mit Ihrem wahren Ich
verbinden und mit sich ins Reine kommen. Das kann
bedeuten, ein warmes Schaumbad zu nehmen und Ihre
Lieblingsmusik zu hören. Oder in ein entspannendes Café
zu gehen, Tagebuch zu schreiben und ein tolles Buch zu
lesen oder sich mit einem Stück Kuchen zu verwöhnen.
Wenn Sie ein größeres Budget haben, können Sie sich eine
Massage gönnen und in Schokolade schwelgen. Die Möglichkeiten sind endlos!

Wenn wir anfangen, Selbstfürsorge zu einem Teil unserer Routine zu machen, trainieren wir auch unser Gehirn
so, dass wir ihre Auswirkungen häufiger spüren. Es ist
nicht nur das Schaumbad oder die Massage, die zur neuen
Norm werden, sondern auch der Frieden und die Ruhe
werden zur Norm. Das ist essenziell, wenn wir uns von
einem Trauma erholen, weil wir die Neuvernetzung von
Reaktionen und Impulsen dringend benötigen. Darüber
hinaus ist es aber auch ein kraftvolles Symbol für das neue
Kapitel, das Sie aufschlagen werden. Indem Sie sich Zeit
nehmen, um sich auf sich selbst zu konzentrieren, gelo-
ben Sie, öfter an Ihre Bedürfnisse zu denken. Sie erkennen
Ihren eigenen Wert an und sagen Nein zu Beziehungen,
die Ihnen Schmerzen bereiten. Ein Hoch auf die Selbstfürsorge.

Kapitel sieben – Die tickende Zeitbombe

Wenn wir potenzielle Partner in Betracht ziehen, neigen wir dazu, Aufregung und Leidenschaft zu viel Bedeutung beizumessen. Während beides zweifellos extrem wichtig ist, vernachlässigen wir, was wirklich den Kern einer Beziehung ausmacht. Fast jeder kann großartige Zeiten miteinander verbringen, aber was macht ein Paar in den schwierigen Zeiten? Die dunklen Nächte, wenn Sie sich während eines Streits endlos im Kreis drehen? Wenn die Stimmen erhoben werden und Sie vor Wut kochen? Die Art und Weise, wie Sie und Ihr Partner sich in diesen Situationen verhalten und reagieren, hat den größten Einfluss auf Ihre Beziehung. Ihr Sexleben und die Anzahl Ihrer gemeinsamen Interessen: Keiner dieser Faktoren ist eine wahre Prüfung Ihrer Stärke als Team. Der größte Indikator für die Stärke Ihrer Beziehung ist, wie Sie sich streiten und wie Sie Lösungen für Probleme finden.

Selbst wenn man seelenverwandt ist und jeden Tag zusammen Spaß hat, wird es Tage und Nächte geben, während derer man sich nicht ausstehen kann. Niemand ist am Anfang einer Beziehung perfekt, daher ist es wichtig, dass wir mit der Zeit lernen. Es wird ein Moment kommen, in dem wir mit einer tickenden Zeitbombe (einer hochsensiblen Situation) umgehen müssen, und um zu verhindern, dass sie explodiert, braucht man das nötige Wissen und die nötigen Mittel. Erwarten Sie, dass Herausforderungen auftauchen werden, und seien Sie darauf vorbereitet, sie zu lösen.

Wann Sie die Pause- oder Stopp-Taste drücken sollten

Offene Kommunikation kann viele Probleme lösen, aber es gibt Zeiten, in denen man einen Schritt zurücktreten muss. Reden macht die Dinge nicht immer besser, manchmal kann es Schaden und unnötigen Kummer verursachen. Wenn es sich um eine wichtige Diskussion handelt, dann drücken Sie die Pausentaste und nehmen Sie das Gespräch wieder auf, wenn beide Parteien besonnener sind. Wenn es in dem Gespräch um nichts Wichtiges geht, drücken Sie auf Stopp und lassen Sie das Thema fallen wie eine heiße Kartoffel. Im Folgenden schildern wir die Anzeichen dafür, dass Sie sich beruhigen und die Sache ruhen lassen müssen:

1 Die Emotionen kochen hoch

Wenn es Tränen gibt, die Stimmen erhoben werden und Sie das Gefühl haben, dass jemand (und das schließt Sie mit ein) explodieren könnte, drücken Sie die Pausentaste. Wenn Emotionen zu stark aufgeladen sind, ist die Wahrscheinlichkeit höher, dass jemand überkocht und etwas Verletzendes sagt. Sie könnten sogar eine Entscheidung treffen, die Sie nicht mehr zurücknehmen können. Um erfolgreich auf Pause zu drücken, sagen Sie etwas wie:

„Ich spüre, dass wir beide zu sehr von unseren Emotionen vereinnahmt werden. Warum beruhigen wir uns nicht und setzen dieses Gespräch später fort? Ich möchte dieses Problem lösen und in unserem derzeitigen Zustand glaube ich nicht, dass wir das können."

Sobald beide Parteien die Chance hatten, sich zu beruhigen, werden Sie rationaler und besonnener zurückkommen. Eine potenzielle Katastrophe wird abgewendet und Sie werden dankbar sein, dass Sie diese Pause gemacht haben.

2   Sie haben dieses Gespräch schon einmal geführt und es hat nicht gut geendet

Bei vielen Paaren kann es zu wiederkehrenden Diskussionen kommen, die sich scheinbar nicht lösen lassen. Einige davon können das Schlimmste in beiden Partnern hervorbringen und in bitteren, verletzenden Bemerkungen enden, die viel Schaden anrichten. Wenn Sie feststellen, dass diese Sackgassen-Diskussion wieder auftaucht, sollten Sie sie im Keim ersticken, solange Sie noch können. Ziehen Sie in Erwägung zu sagen:

„Bei unserem letzten Gespräch haben wir beide eine Menge Dinge gesagt, die wir nicht so gemeint haben. Ich habe das Gefühl, dass es mehr geschadet als genutzt hat, und ich möchte wirklich nicht, dass sich diese Situation wiederholt. Ich möchte diese Sache in Ordnung bringen, also wie wäre es, wenn wir uns etwas Zeit nehmen, um über Lösungen nachzudenken? Jeder von uns kann sich etwas einfallen lassen, um diesen Konflikt zu bewältigen. Und wir können die Diskussion wieder aufnehmen, wenn wir neue Ideen einbringen können."

Wenn die Diskussion keinen Einfluss auf die Beziehung hat, weisen Sie einfach darauf hin, was beim letzten Mal passiert ist, und sagen Sie, dass Sie es für das Beste halten, sich darauf zu einigen, dass Sie unterschiedlicher Meinung sind. Jedes Paar wird seine eigenen Versionen von Sackgassen-Themen haben, und Sie müssen lernen, wann es keine Rolle spielt, zu gewinnen.

3 Mindestens ein Partner ist müde

Wenn wir müde sind, können wir manchmal die Energie verlieren, die wir brauchen, um uns und unsere Emotionen zu regulieren. Das soll nicht heißen, dass die Gefühle, die wir empfinden, wenn wir müde sind, nicht real sind. Tatsächlich kann diese Situation oft aufdecken, was wir wirklich fühlen – aber wir sind weniger fähig, mit ihnen verantwortungsvoll und effektiv umzugehen. Wenn wir Energie haben, gelingt es unserem Gehirn leicht, unsere Worte und Gedanken in einer klaren, konstruktiven Weise zu organisieren. Wenn wir keine Energie haben, kann unser Gehirn diesen Prozess nicht in Gang bringen oder ihn nicht richtig durchführen.

Wenn wir in diesem müden Zustand einen Streit beginnen, benutzen wir nicht die besten Mittel, die uns zur Verfügung stehen. Wir sind nicht dafür gerüstet, in der Arena zu stehen, und es ist das Beste, wenn wir aussteigen, bevor wir Schaden anrichten. In diesem Gemütszustand ist es viel wahrscheinlicher, dass wir überreagieren und etwas sagen, was wir nicht so meinen. Wir sollten nicht immer von unseren Partnern erwarten, dass sie verstehen, dass wir einfach nur müde sind und sich nichts aus unseren Worten machen. Wenn das, was wir sagen, wirklich verletzend ist, kann es tiefen Schmerz verursachen. Lassen Sie sich nicht auf ernsthafte Gespräche mit Ihrem Partner ein, wenn ein Partner in diesem Moment nicht effektiv kommunizieren kann.

4 Worte haben begonnen, verletzend zu werden

Aus dem einen oder anderen Grund arten Gespräche manchmal wirklich aus. Sie erkennen dies daran, dass entweder Ihr Partner etwas sagt, das Sie verletzt, oder Sie etwas sagen, was Sie normalerweise nicht sagen würden. Wenn Sie bemerken, dass der Tonfall und die Sprache aggressiv oder gemein werden, dann sollten Sie sofort weggehen und sich beruhigen. Dies ist der Punkt in unseren Auseinandersetzungen, den wir immer versuchen sollten zu vermeiden. Unsere hitzigen Unterhaltungen sollten niemals wehtun. Und wenn es doch passiert, wissen Sie, dass die Dinge zu weit gegangen sind.

Gehen Sie nicht einfach weg, ohne ein Wort zu sagen, denn das wirkt wie ein Davonstürmen, was Ihren Partner nur weiter verärgern könnte. Weisen Sie Ihren Partner stattdessen darauf hin, dass Sie angefangen haben, Dinge zu sagen, die Sie nicht so meinen, und betonen Sie, dass Sie keine Situation mitverursachen wollen, die dauerhaften Schaden anrichtet. Schlagen Sie vor, dass Sie beide sich Zeit nehmen, um sich zu beruhigen und über konstruktivere Wege nachzudenken, wie Sie Ihre Standpunkte vermitteln können.

5 Das Gespräch dreht sich im Kreis

Das passiert oft, wenn beide Partner müde sind, vor allem, wenn sie sich durch einen so langwierigen Streit erschöpft haben. Sie werden bemerken, dass immer wieder dieselben Punkte angesprochen werden, jedes Mal dieselben Antworten gegeben werden; irgendwie kommt man immer wieder auf dasselbe zurück.

Dies ist ein Zeichen dafür, dass sich Ihr Gespräch im Kreis dreht. Wenn Sie es nicht bald beenden, wird es nur immer weitergehen, und eine Lösung wird wahrscheinlich nie gefunden werden. Versuchen Sie, darauf hinzuweisen, dass sich das Gespräch im Kreis dreht, sobald Sie es bemerken. Es könnte mit verletzenden Aussagen enden, und selbst wenn nicht, bedeutet es für beide Partner eine große Verschwendung von Zeit und Energie.

Wenn Sie feststellen, dass ein bestimmtes Thema Sie oft im Kreis herumführt, sollten Sie überlegen, ob Sie dieses Gespräch per E-Mail führen wollen. Wenn Diskussionen schriftlich festgehalten werden, ist es viel einfacher, zu sehen, wo die Probleme liegen. Wenn Sie die Antworten genau untersuchen, wird klar, warum sich die Diskussion immer wieder im Kreis dreht.

6 Das Ergebnis der Diskussion wird die Beziehung nicht wirklich beeinflussen

Wenn das Gespräch hitzig wird, überlegen Sie, ob das Thema tatsächlich wichtig ist. Nehmen wir an, Sie haben beide angefangen, über ein Thema in den Nachrichten zu streiten. Fragen Sie sich, was für einen Unterschied es macht, ob Sie sich darüber einigen oder nicht. Haben Sie weniger Spaß miteinander, wenn Sie in Bezug auf dieses Thema nicht einer Meinung sind? Verletzt es Sie in irgendeiner Weise? Beeinträchtigt es einen von Ihnen beiden in seiner Fähigkeit, ein guter Partner für den anderen zu sein? Wenn die Antwort auf alle diese Fragen „Nein" lautet, dann ist dieses Thema nicht so wichtig. Das Ergebnis beeinträchtigt Ihre Beziehung in keiner Weise – also regen Sie sich nicht über Nichtigkeiten auf.

Wie Sie Ihre Bedenken richtig äußern

Wenn Sie in einer glücklichen, gesunden Beziehung leben wollen, müssen Sie wissen, wie Sie Ihre Bedenken auf die richtige Weise äußern können. Mit anderen Worten: ohne Ihrem Partner erheblichen Schaden zuzufügen und dabei ehrlich genug zu sein, um Veränderungen anzuregen. Dabei handelt es sich um unglaublich sensible Situationen, deshalb sollten Sie die folgenden Tipps genau beachten:

1 Wählen Sie den Zeitpunkt sorgfältig aus
Erinnern Sie sich daran, was wir über die Beachtung des Timings gesagt haben? Das ist sogar noch wichtiger, wenn wir ein entscheidendes Gespräch führen wollen. Bringen Sie keine ernsten Gespräche zur Sprache, wenn Ihr Partner einen schlechten Tag hat oder erschöpft ist. Das wird nicht zu einem günstigen Ergebnis führen! Am besten sprechen Sie Ihren Partner immer dann an, wenn er ausgeruht und gefasst ist und nicht gerade eine schwere Zeit durchmacht.

2 Widerstehen Sie, „aber …" zu sagen, um die Intensität einer Aussage abzumildern
Wir denken immer, dass wir jemandem einen Gefallen tun, wenn wir mit etwas Positivem beginnen, bevor wir zum Negativen kommen – aber das stimmt eigentlich nicht. Nehmen Sie zum Beispiel die Aussage: „Ich finde es großartig, wie leidenschaftlich du dich mit dem Thema Heimdekoration beschäftigst, und ich denke, du hast ein paar großartige Ideen, aber ich bin mir nicht sicher, ob mir diese neuen Veränderungen gefallen."

Sobald das „aber" ins Spiel kommt, hat der vorherige Teil des Satzes keine Bedeutung mehr. Es kann die Sache sogar noch ärgerlicher machen, weil Sie die Hoffnungen Ihres Partners geweckt haben, indem Sie mit etwas so Positivem begonnen haben, diese Hoffnungen jedoch völlig zertrampelt werden, wenn Sie den Satz beenden. Ihr Partner ist schlau! Er weiß, dass es eigentlich um das geht, was nach dem „aber" kommt. Versuchen Sie nicht, die Intensität von Aussagen mit dieser (schlechten) Technik abzumildern, und tun Sie es stattdessen durch vorsichtige Sprache. Wo wir gerade dabei sind …

3 Setzen Sie alles ein, was Sie über sanfte und konstruktive Sprache gelernt haben

Wir haben in einem früheren Kapitel über konstruktive Sprache gesprochen, und es ist an der Zeit, diese Lektion in die Tat umzusetzen. Dies ist der perfekte Zeitpunkt, um Ihre „Ich"- oder „Ich fühle"-Aussagen zu verwenden! Anstatt Ihre Bedenken in Bezug auf das, was Ihr Partner getan hat, zu äußern, formulieren Sie sie so um, dass es darum geht, was Sie fühlen. Vermeiden Sie absolute Formulierungen und Annahmen und achten Sie darauf, dass kein Satz mit „Du" beginnt.

Wenn Sie sich darüber aufregen, dass Ihr Partner selten bei der Hausarbeit hilft, widerstehen Sie dem Drang zu sagen: „Du hilfst nie bei der Hausarbeit und es ist dir egal, wie sehr mich das stört." Versuchen Sie stattdessen, etwas zu sagen wie: „Ich habe das Gefühl, dass ich nicht genug Hilfe bei der Hausarbeit bekomme. Ich würde mich viel besser fühlen, wenn wir eine gleichmäßigere Verteilung der Aufgaben vornehmen würden." Beachten Sie, dass das Wort „Du" überhaupt nicht erwähnt wird. Das ist ideal, weil sich Ihr Partner auf diese Weise nicht in die Enge getrieben fühlt und keine Vermutungen anstellt. Wir verringern auch die Wahrscheinlichkeit eines Streits, weil es schwierig ist, zu bestreiten, wie sich jemand fühlt. Gefühlswelten sind real.

4 Bereiten Sie sich auf Widerstand oder Fragen vor

Sie sollten sich immer auf die Möglichkeit vorbereiten, dass Ihr Partner ein wenig zurückschlägt. Das wird nicht unbedingt mit Wut oder Frustration geschehen, aber wenn Sie diese Möglichkeit in Betracht ziehen, dann sind Sie auf jeden Fall darauf vorbereitet. Denken Sie an alle Einwände, die Ihr Partner vorbringen könnte, und überlegen Sie sich eine konstruktive, selbstbewusste Antwort. Das ist besonders wichtig, wenn Sie der unterwürfigere Partner sind und dazu neigen, nachzugeben. Zum Beispiel könnte der Partner im vorherigen Szenario antworten: „Aber ich habe letzte Woche das Geschirr abgewaschen" oder „Aber ich bin nicht so gut darin, Hausarbeiten zu erledigen wie du." Sie kennen Ihren Partner gut genug, um mit einiger Genauigkeit vorauszusehen, wie seine Proteste lauten könnten. Auch wenn seine Antworten ärgerlich sind, bleiben Sie ruhig und konstruktiv.

5 Schließen Sie mit Lösungen und Positivem ab

Sitzen Sie nicht einfach nur da und schmoren Sie im eigenen Saft, sondern seien Sie bereit dazu, eine Lösung zu finden. Ihr Partner hat vielleicht auch einige Ideen, aber für das bestmögliche Ergebnis bringen auch Sie Ihre Vorschläge mit ein. Überlegen Sie sich den nächsten Schritt und geben Sie Ihrem Partner einen Ansatzpunkt. Dies ist der beste Weg, um ein Anliegen zu bearbeiten, weil Sie damit im Wesentlichen sagen: „Dieses Problem ist leicht zu lösen und hier ist die perfekte Gelegenheit. Wir können sofort anfangen, die Dinge besser zu machen!"

Um auf unser Beispielproblem zurückzukommen, könnte der betroffene Partner dann sagen: „Ich denke, eine gute Lösung wäre, wenn wir uns jede Woche mit der Hausarbeit abwechseln. Wie wäre es, wenn ich den Rest dieser Woche mache und du am Montag anfängst?" Beachten Sie, wie dies die Situation sofort positiver erscheinen lässt. Das Problem steht nicht mehr im Mittelpunkt, sondern die Lösung.

Wie wir an früherer Stelle erwähnt haben, ist es keine gute Idee, die Diskussion mit einer „Aber"-Aussage zu beginnen, bei der Sie vom Positiven zum Negativen übergehen – machen Sie es lieber umgekehrt. Fügen Sie die positive Aussage an das Ende des Gesprächs an, damit es zu einem guten Abschluss gebracht werden kann.

Fünf Äußerungen zur sofortigen Entschärfung einer hitzigen Diskussion

Es passiert in jeder Beziehung. Manchmal finden Sie sich in einem Gespräch mit Ihrem Partner wieder, das sich von völlig entspannt zu glühend heiß entwickelt hat – und zwar nicht auf gute Weise. Vielleicht liegt es daran, dass er einen harten Tag hatte und schlechte Laune hat, oder vielleicht ist er einfach mit dem falschen Bein aufgestanden. Was auch immer es ist, Sie können sein Verhalten nicht zügeln und Sie wissen nur, dass es jetzt aufhören muss. Behalten Sie diese Aussagen im Hinterkopf, um eine aufgeheizte Situation sofort zu beruhigen:

1 „Das sehe ich ein."

Wenn wir dies sagen, bestätigen wir den Standpunkt unseres Partners. Das kann jemanden beruhigen, denn alles, was wir wirklich wollen, ist, dass unser Standpunkt verstanden wird. Wir streiten weiter, weil wir uns Gehör verschaffen wollen. Beheben Sie das Bedürfnis, weiter zu streiten, indem Sie sagen, dass Ihr Partner sich bereits Gehör verschafft hat.

2 „Ich verstehe."

Diese Aussage ist ideal, um eine Situation zu entschärfen, ohne dabei nachzugeben. Indem Sie sagen, dass Sie etwas verstehen, geben Sie nicht zu, dass Sie im Unrecht sind; Sie sagen nur, dass Sie die Sichtweise des anderen nachvollziehen können. Ähnlich wie bei der vorherigen Aussage lassen Sie Ihren Partner wissen, dass das, was er gesagt hat, mit Bedacht aufgenommen worden ist.

3 „Was kann ich tun, um die Situation zu verbessern?"

Anstatt den Streit weiter anzufachen, versuchen Sie, den Fokus des Gesprächs auf mögliche Lösungen zu legen. Sie lassen Ihren Partner wissen, dass Sie bereit sind, das Problem zu beheben. Dadurch wird er wiederum eher bereit sein, zu kooperieren. Diese Aussage wirkt Wunder, aber Sie müssen gewillt sein, zusätzliche Arbeit zu investieren. Da Sie Ihren Partner wissen lassen, dass Sie die Dinge verbessern wollen, müssen Sie diesem Versprechen auch Taten folgen lassen.

4 „Was brauchst du im Moment?"

Wie bei der vorherigen Antwort überspringen Sie die Auseinandersetzung und gehen direkt zur Lösung über. Ihren Partner wird diese Frage mehr berühren, weil Sie ihn direkt fragen, was er braucht. Dadurch können Sie zum Kern des Streits vordringen, weil Sie sagen: „Ich weiß, dass es nicht wirklich um die Sache geht. Ich weiß, dass es um dich geht, und darum, was dir fehlt. Ich möchte mich darum kümmern." Nehmen Sie eine eher fürsorgliche Haltung ein und seien Sie bereit, das zu tun, von dem Ihr Partner sagt, dass er es braucht.

5 „Es tut mir leid."

Unterschätzen Sie nicht die Macht von Entschuldigungen. Sie kann ein loderndes Feuer zu glimmender Asche verwandeln. Manchmal lohnt es sich einfach nicht, sich bis aufs Messer zu streiten. Beim Entschuldigen geht es nicht immer darum, eine Niederlage einzugestehen oder den Partner gewinnen zu lassen, sondern darum, Harmonie über das eigene Ego zu stellen. Es bedeutet nicht immer „Du hast recht, ich habe unrecht", manchmal kann es auch bedeuten „Es tut mir weh, dich so verärgert zu sehen und es tut mir leid, dass du dich so fühlst."

Was Sie während eines Streits NICHT sagen sollten

Wir haben besprochen, was Sie sagen sollten. Jetzt kommen wir zu dem, was Sie auf keinen Fall sagen sollten. Wenn Sie sich in einer hitzigen Diskussion oder einem Streit befinden, sollten Sie die folgenden Phrasen und Sätze vermeiden, wenn Sie eine Explosion verhindern wollen.

1 „Beruhige dich.“

Es ist eine gewagte Behauptung, aber ich sage es: Noch nie in der Geschichte der Menschheit hat eine Aufforderung zur „Beruhigung“ eine aufgebrachte Person tatsächlich beruhigt. Selbst wenn Sie es gut meinen, wirkt das herablassend und wenig mitfühlend. Die Person, die sich beruhigen muss, braucht eigentlich Einfühlungsvermögen und Verständnis; die genannte Aussage beweist das Gegenteil davon. Sie zeigt, dass die Person, die dies sagt, überhaupt nichts versteht, da diese denkt, dass es für ihren Partner einfach sein sollte, seine Emotionen in diesem Moment in den Griff zu bekommen. Wenn Sie dies sagen, werden Sie keine positive Reaktion erhalten. Vermeiden Sie es auf jeden Fall und versuchen Sie stattdessen, ihr Gegenüber zu bitten, Ihnen mehr zu erzählen.

2 „Nicht das schon wieder!“

Wenn Ihr Partner verärgert ist und Sie die Tatsache beklagen, dass er sich *wieder* über etwas aufregt, wird dies nur noch mehr Ärger erzeugen. Indem wir dies sagen, setzen wir unseren Partner herab. Wir zeigen damit unsere Verärgerung und Ungeduld gegenüber seinen wahren Gefühlen. Wir signalisieren, dass es uns egal ist, weil er sich schon einmal darüber aufgeregt hat. Anstatt Fürsorge zu zeigen, sind wir herablassend und unterstellen ihm, dass seine Reaktion lächerlich ist.

3 „Wenn du nicht _____ machst, dann mache ich Schluss mit dir.“

Dies ist ein großes Tabu in Beziehungen. In der Tat betrachten viele Menschen es als emotionalen Missbrauch. Wenn Sie Ihrem Partner mit einer Trennung drohen, um ihn dazu zu bringen, etwas zu tun, legen Sie ein grausames Verhalten an den Tag, besonders wenn Sie es nicht wirklich ernst meinen. Aber selbst wenn Sie es ernst meinen, kann die Formulierung als Drohung immer noch viel Schaden anrichten. Wenn Ihr Partner mit dem aufhört, was Sie bemängelt haben, und Sie weiterhin eine Beziehung mit ihm führen, wird dieser Moment bei ihm eine Menge Angst auslösen. Der Umgang mit Ihnen wird sich für ihn anfühlen wie ein Laufen auf rohen Eiern. Wenn er sich Ihnen zuliebe verändert, wird er nur aus Angst handeln, statt aus Liebe.

Um richtig zu vermitteln, wie Sie sich fühlen, ohne zu Drohungen zu greifen, denken Sie daran, „Ich"-Aussagen zu verwenden. Anstatt zu sagen: „Wenn du nicht aufhörst, mit dieser Person zu reden, mache ich Schluss mit dir", sagen Sie lieber: „Ich bin sehr verärgert darüber, wie viel du mit diesem anderen Typen redest. Es fängt an, mich tiefgreifend zu stören, und ich mache mir Sorgen, dass es meine Fähigkeit beeinträchtigt, dir ein guter Partner zu sein."

Neun Beziehungsprobleme, die Sie nicht beheben können

So sehr Sie sich auch bemühen mögen, es gibt einige Probleme in einer Beziehung, die in neun von zehn Fällen nicht gelöst werden können. Sie mögen ein Meister der Kommunikation sein, und vielleicht auch Ihr Partner, aber manchmal sind die Möglichkeiten begrenzt. Wenn in Ihrer Beziehung eines der folgenden Probleme auftritt, ist es vielleicht am besten, die Beziehung zu beenden, bevor beide Partner zu leiden beginnen.

1 Serienbetrug

Ein einziger Fall von Untreue kann eine Beziehung wirklich zerstören, aber selbst dann ist sie noch zu retten – wenn der betrügende Partner sein Verhalten nachhaltig ändert. Ganz anders verhält es sich bei ständiger Untreue. Diese deutet darauf hin, dass der betrügende Partner ein echtes Problem hat, und er kann nicht in einer gesunden Beziehung leben, bis er es selbst gelöst hat. Hören Sie auf, Nachsicht mit einem Partner zu üben, der Sie ständig betrügt. Es wird nur zu noch mehr Schmerz führen. Keine noch so gute Kommunikation wird das Problem lösen. Es liegt einzig und allein an dem betrügenden Partner, die Selbsterkenntnis zu erlangen. Und wenn er jetzt noch nicht damit angefangen hat, warum sollten Sie dann ausharren und sich weiter verletzen lassen?

2 Zu viel Verachtung

Es ist normal, auf Ihren Partner wegen etwas wütend zu sein, aber dies gilt nicht für Gefühle der Verachtung. Verachtung geht tiefer und ist viel hartnäckiger. Sie entsteht, wenn ein Partner etwas nicht loslassen kann. Es hat begonnen, an ihm zu nagen, er kann es nicht vergessen oder verzeihen, und es hat dazu geführt, dass sich Groll aufgestaut hat. Der Fehler kann bei beiden liegen. Es könnte die Schuld des nicht verachtenden Partners sein, der den anderen tief verletzt hat, oder es könnte die Schuld des verachtenden Partners sein, der sich weigert, die Sache aufzuarbeiten und loszulassen. Ein wenig Bitterkeit ist nach einem aufwühlenden Ereignis normal, aber sie verwandelt sich in Verachtung, wenn Zeit vergangen ist und diese Zeit keinerlei Wunden geheilt hat.

3 Narzisstische Persönlichkeitsstörung

Es besteht ein großer Unterschied zwischen einem Narzissten und einem klinischen Narzissten, d. h. einer narzisstischen Persönlichkeitsstörung. Wenn Ihr Partner ein wenig eitel ist, gelegentlich großspurige Aussagen macht, aber immer noch die Verantwortung für seine Fehler übernehmen kann, dann ist er wahrscheinlich nur ein gewöhnlicher Narzisst der harmlosen Sorte. Er mag manchmal nervig sein, aber er hat keine Persönlichkeitsstörung, und Sie können mit ihm immer noch etwas erreichen. Einen klinischen Narzissten hingegen kann man nicht verändern, und es ist am besten, sich jetzt abzuwenden, bevor Sie noch mehr verletzt werden. Klinische Narzissten sind unfähig, für irgendetwas Verantwortung zu übernehmen, und sie sind nicht bereit, die Bedürfnisse anderer Menschen anzuerkennen. Es ist für sie nicht möglich, in einer gesunden, glücklichen Beziehung zu leben.

4 Widersprüchliche Ziele

Sie haben vielleicht komplett gleiche Interessen, aber letzten Endes können widersprüchliche Ziele ein Killer für eine Beziehung sein. Manche Partner haben vielleicht das Glück, sich auf einen Kompromiss zu einigen, aber manche Ziele liegen an entgegengesetzten Enden des Spektrums. Wenn Sie unbedingt Kinder wollen und Ihr Partner sie überhaupt nicht will, gibt es keine Möglichkeit, einen Kompromiss zu finden. Wenn nicht einer seine Meinung ändert, können nicht beide Partner bekommen, was sie wollen, und das bedeutet, dass ein Partner dazu verdammt ist, sich unzufrieden zu fühlen. Dies kann zu Unmut führen und sogar die Verbindung ruinieren. Am Ende kann es nicht nur zu Schmerzen führen, sondern auch zu einer Menge verschwendeter Zeit.

5 Missbrauch

Wenn ein Partner missbräuchliches Verhalten an den Tag legt, sei es körperlich oder emotional, sollte die Beziehung so bald wie möglich beendet werden. Missbräuchliches Verhalten ist Gift und zieht nur beide Partner in einen Kreislauf des Schmerzes, der sich fortsetzt, bis er nicht mehr zu bewältigen ist. Der missbrauchende Partner ist immer schuld und sein Verhalten zeigt, dass er in der aktuellen Phase seines Lebens nicht in der Lage ist, eine gesunde Beziehung zu führen. Es ist ratsam, dass dieser Partner die Beziehung verlässt, aufhört, den anderen Partner zu verletzen, und eine Therapie macht, damit er sich zu einem gesünderen, liebevolleren Gefährten entwickeln kann.

Der missbrauchende Partner wird seltener zugeben, dass das, was er tut, ein Problem darstellt, sodass es an dem missbrauchten Partner ist, die Kraft zu finden, um die Beziehung zu verlassen. Freunde und Familie sind am besten in der Lage, eine solche instabile Beziehung zu beenden. Wenn Sie jemandem nahestehen, der unter Missbrauch leidet, schauen Sie, ob Sie dabei helfen können, ihn aus der schlechten Situation herauszuholen.

6 Ausbleiben von Weiterentwicklung

Konflikte sind ein natürlicher Teil jeder Beziehung, und wenn beide Partner gesund sind, sollten sie Wege finden, harmonischer miteinander umzugehen. Aus dem einen oder anderen Grund kann es jedoch vorkommen, dass einer oder beide Partner feststellen, dass es einen anhaltenden Mangel an Weiterentwicklung gibt. Mit anderen Worten, es gibt eine Eigenschaft oder ein Verhaltensmuster, das sich dauerhaft negativ ausgewirkt, ohne dass es zu einer Verbesserung kommt, obwohl unser Partner weiß, dass wir eine Veränderung sehen möchten. Dies ist nur dann ein großes Problem, wenn das Verhalten, das es abzulegen gilt, das Glück der Beziehung beeinträchtigt.

Wenn Ihr Partner z. B. seit Jahren an seinen Wutproblemen arbeitet, aber immer noch so ungehalten ist wie am Anfang, sollten Sie sich überlegen, ob Sie das in Zukunft weiter ertragen können. Wenn Ihr Partner weiterhin mit anderen Menschen flirtet, obwohl Sie wiederholt darauf hingewiesen haben, dass es Sie stört, wird sich das wahrscheinlich nie ändern. An einem bestimmten Punkt wird klar, wann bestimmte Probleme dauerhaft bestehen und es wichtig wird, die richtige Entscheidung für die Zukunft zu treffen. Entweder ist dieses Verhalten zu tief in der Persönlichkeit des anderen verankert oder er ist nicht motiviert genug, diese Weiterentwicklung anzustreben. Treffen Sie die richtige Entscheidung für Ihre Gesundheit und hören Sie auf, auf eine Veränderung zu warten, die wahrscheinlich nicht eintreten wird.

7   Ständiges und sinnloses Streiten

Es kann vorkommen, dass wir uns mit unseren Partnern streiten – vor allem, wenn wir eine schwierige Phase in unserem Leben durchmachen –, aber wenn dieses Phänomen anhält und ständig an Ihrer Energie zehrt, ist es an der Zeit, innezuhalten und nachzudenken. Häufiges sinnloses Streiten ist oft ein Zeichen für ein viel tieferes Problem. Manchmal haben beide Partner aufgehört, miteinander zu harmonieren, sind nicht mehr ineinander verliebt oder haben einen tiefen Groll gegeneinander entwickelt. Diese Probleme lassen sich nur sehr selten beheben. Wenn es einfacher scheint, sich von Ihrem Partner zu trennen als mit ihm zusammen zu sein, ist es vielleicht an der Zeit, einen Schlussstrich zu ziehen.

8 Unfähigkeit, zu vertrauen

Es stimmt: Ohne Vertrauen ist eine Beziehung nichts. Vertrauen bildet das Fundament einer jeden Beziehung. Und ohne ein starkes Fundament spielt es keine Rolle, wie glamourös und beeindruckend der Rest ist, es wird zusammenbrechen, sobald sich der Wind dreht. Wenn das Vertrauen erst einmal zerstört ist, ist es extrem schwierig, es wieder aufzubauen. Es kann Jahre dauern und eine Menge harter Arbeit erfordern, wenn ein Paar sich dafür entscheidet, es dennoch zu versuchen, und selbst dann haben sie manchmal keinen Erfolg. In jeder Beziehung sollten wir die grundlegende Sicherheit haben, dass unser Partner uns nicht verletzen oder betrügen wird. Überlegen Sie, wie tief das Vertrauen beeinträchtigt ist und ob Sie sich jemals wieder vollständig erholen werden.

9 Tiefe Gefühle für eine dritte Person

Wir alle können über Lust oder eine leichte Verliebtheit hinwegkommen, aber wenn es mehr als das ist, haben wir es mit etwas ganz anderem zu tun. Manchmal sind die Gefühle, die ein Partner für einen Dritten hat, sehr tief, und sie können sogar an Liebe grenzen. Damit die Gefühle so weit gehen, müsste der betreffende Partner über einen längeren Zeitraum mit dieser dritten Person in Kontakt sein. Schließlich dauert es eine Weile, bis sich tiefe Gefühle entwickeln.

Es gibt viel weniger Hoffnung für die Beziehung, wenn der betreffende Partner absichtlich die Gesellschaft dieses Dritten gesucht hat. Dieses Verhalten deutet auf ein großes Problem mit seiner Selbstbeherrschung hin – und das könnte auf Dauer ein ernsthaftes Problem für die Beziehung darstellen. Wenn dieses Szenario eintritt, kann es für die Beziehung von Vorteil sein, sie zu beenden.

Etwas anders verhält es sich, wenn der Partner, der die Gefühle empfindet, der Entstehung dieser unfreiwillig ausgesetzt war, zum Beispiel durch die Arbeit. In diesem Fall handelt es sich nicht um ein Problem der Selbstkontrolle und es besteht Hoffnung. Die einzige Möglichkeit, das Problem zu beheben, besteht darin, sich vollständig aus allen Situationen zurückzuziehen, in denen er auf die dritte Partei treffen könnte. Wenn es sich dabei um einen Kollegen handelt, bedeutet das, eine große Entscheidung zu treffen, wie z. B. den Job zu kündigen, der die Belastung verursacht. Andernfalls werden diese Gefühle nur noch weiterwachsen.

Die gute Nachricht ist, dass die Mehrheit der Partner ihre Probleme tatsächlich aufarbeiten kann. Wenn Ihr Beziehungsproblem nicht aufgelistet wurde, sind die Chancen höher, dass Sie Ihre Probleme lösen können. Und obwohl die aufgelisteten Probleme meist nicht zu beheben sind, wird es immer Ausnahmen geben. In jedem Fall braucht es viel harte Arbeit, freundliche Kommunikation und eine unglaubliche Zusammenarbeit, um positive Veränderungen zu sehen.

Kapitel acht – Den Zusammenhalt vertiefen

Es gibt immer mehr, was wir tun können, um die Bindung zwischen uns und unserem Partner zu vertiefen. Letzten Endes sollten wir uns nicht nur wie Liebende fühlen, sondern auch wie Freunde und in gewissem Maße wie eine Familie. Wenn wir eine starke Verbindung zu unseren Partnern spüren, ist die Wahrscheinlichkeit viel höher, dass die Kommunikation freundlich, hilfreich und transformativ ist. Und darüber hinaus bedeutet eine gute Verbindung, dass wir uns viel eher an unsere Kompromisse halten und ein besserer Partner sind. Wenn wir uns jemandem nahe fühlen, sind wir mitfühlender und einfühlsamer. Diese beiden Eigenschaften sind notwendig für eine liebevolle Verbindung.

So hervorragend diese Bindungstechniken auch sein mögen, sie erfordern das Engagement beider Partner, um vollständig wirksam zu sein. Ein positives Ergebnis erfordert Anstrengung und Aufmerksamkeit; es fällt Ihnen nicht einfach beim ersten Versuch zu. Behalten Sie diese Aktivitäten und Übungen für die Zukunft im Hinterkopf. Auch wenn die Kommunikation in der Beziehung gut ist, ist das kein Grund, nicht mehr nach Möglichkeiten für einen größeren Zusammenhalt zu suchen.

Übungen und Aktivitäten zur Stärkung von Beziehungen

1 Beginnen Sie ein Liebestagebuch mit Ihrem Partner

Diese Praxis wirkt Wunder für die Aufrechterhaltung romantischer Verbindungen. Beginnen Sie mit dem Kauf eines Tagebuchs (idealerweise gemeinsam), das Ihnen beiden gefällt. Wenn Sie nicht zusammenwohnen, sollten Sie sich mit dem Tagebuch abwechseln. Überlegen Sie sich einen Zeitplan, der für Sie funktioniert. Wird das Tagebuch wöchentlich weitergereicht? Vierzehntägig? Wann immer Ihnen danach ist? Entscheiden Sie sich für das, was Ihnen am besten erscheint.

Wenn Sie zusammenwohnen, bewahren Sie das Tagebuch in einem privaten Bereich des Hauses auf, an dem Sie jedoch häufig vorbeikommen. Auch hier bleibt es Ihnen überlassen, wer wann schreibt. Ich empfehle, jeden Tag etwas zu schreiben, auch wenn es nur sehr kurz ist, oder sich abzuwechseln. Wenn Sie sich dafür entscheiden, sich abzuwechseln, finden Sie einen kreativen Weg, um kenntlich zu machen, wer zuletzt hineingeschrieben hat, ohne das Buch zu öffnen. So stellen Sie sicher, dass Sie nicht ständig nachschauen müssen, ob es aktualisiert wurde.

Das Tolle an dieser Aktivität ist, dass Sie die Regeln selbst bestimmen können. Wird das Buch mit Liebesbriefen gefüllt? Wird alles in Haikus geschrieben? Wenn ein Partner verärgert ist, soll er einen ehrlichen, offenen Brief über seine Gefühle in das Tagebuch schreiben? Oder ist es nur für Romantisches reserviert? Es ist ganz Ihnen überlassen.

2 Rollentausch

Diese Übung eignet sich hervorragend, wenn zwei Personen versuchen, sich über ein Problem einig zu werden. Damit diese Übung erfolgreich ist, sollten sowohl Sie als auch Ihr Partner entspannt und bereit sein, wirklich mitzuspielen. Wenn Sie einen Hauch von Sarkasmus verspüren, brechen Sie den Versuch ab und versuchen Sie es später wieder, wenn Sie in einer besseren Stimmung sind.

Bei dieser Rollentausch-Übung werden Sie und Ihr Partner ein Gespräch über ein bestehendes Problem führen, aber Sie werden beide aus der Sicht der anderen Person sprechen. Jeder von Ihnen sollte wirklich darüber nachdenken, was der andere Partner sagen würde und sich echte Gründe überlegen, die der andere verwenden würde. Diese Übung ist unter anderem deshalb so wirksam, weil sie das Bedürfnis, die Diskussion zu „gewinnen", beseitigt. Die Partner werden gezwungen, sich gründlich in die Perspektive des anderen hineinzuversetzen, und das hilft den Paaren dabei, die Gefühle des anderen nachzuempfinden.

3 Die Blickkontakt-Übung

Für diese Übung sollten Sie und Ihr Partner sich gegenübersitzen. Idealerweise sollte das Licht gedämpft sein und Sie sollten nahe beieinander sitzen, aber nicht zu nahe. Wo auch immer Sie sich hinsetzen, achten Sie darauf, dass Sie es bequem haben. Es ist auch wichtig, dass Sie sich während dieser Übung nicht unterhalten oder berühren.

Stellen Sie einen Timer auf fünf Minuten ein und versuchen Sie, sich während dieser Zeit gegenseitig in die

Augen zu schauen. Der Augenkontakt sollte sanft und ununterbrochen sein. Starren Sie Ihren Partner nicht intensiv an und denken Sie immer daran, zu blinzeln, wie Sie es normalerweise tun würden.

Sie werden überrascht sein, wie schnell fünf Minuten vergehen können. Paare können sich so darin vertiefen, dass sie tatsächlich das Zeitgefühl verlieren. Nach dieser Übung werden Sie ein verstärktes Gefühl der Verbundenheit und des Einklangs mit Ihrem Partner spüren. Wenn eine Distanz zwischen Ihnen beiden entstanden ist, kann diese Übung helfen, Sie wieder auf dieselbe Wellenlänge zu bringen.

4   Erstellen Sie ein Vision Board

Werden Sie mit Ihrem Partner kreativ und arbeiten Sie gemeinsam an einem Vision Board. Ein Vision Board ist eine motivierende Collage aus Fotos, Notizen und allem, was die Zukunft, die Sie am liebsten gemeinsam erleben würden, zum Ausdruck bringt. Das können Orte sein, an die Sie gerne reisen würden, oder Fotos von Ihrem gemeinsamen Traumhaus. Was auch immer Sie beide mit Hoffnung, Freude und positiver Einstellung gegenüber dem, was kommen wird, erfüllt. Es ist wichtig, dass beide Partner etwas zu diesem Vision Board beitragen. Denken Sie daran, dass es sich um Ihre *gemeinsame* Vision handelt, nicht nur um die Fantasie eines einzelnen. Und vor allem: Haben Sie Spaß dabei. Es ist eine unglaublich unterhaltsame Art, die Verbindung mit Ihrem Partner zu stärken. Sie brauchen keine künstlerische Ader, um Freude daran zu haben!

5 Gehen Sie die berühmten „36 Fragen, die zur Liebe führen" durch

In einem berühmten Experiment, das von Psychologen durchgeführt wurde, spürte eine große Anzahl von Menschen eine stärkere Verbindung zueinander, nachdem sie gemeinsam eine Reihe von Fragen beantwortet hatten. Viele von ihnen behaupteten sogar, sich verliebt zu haben. Letztlich beweist das Experiment, dass eine unmittelbare Verbindung entsteht, wenn beide Partner persönliche Selbstauskünfte geben, sich verletzlich zeigen und ihrem Partner aktiv zuhören. Indem zwei Menschen gezwungen wurden, genau dies zu tun, ist ein Gefühl der Nähe und Intimität entstanden. Obwohl dieses Experiment mit Menschen durchgeführt wurde, die sich nicht kannten, profitieren auch bestehende Paare sehr von dieser Bindungsübung.

Die 36 Fragen sind in drei Gruppen aufgeteilt, die zunehmend persönlicher werden. Beantworten Sie diese Fragen abwechselnd:

<u>Gruppe eins</u>

1. Wen würden Sie als Gast zum Abendessen einladen, wenn Sie sich absolut jeden Menschen auf der Welt aussuchen könnten?
2. Wären Sie gerne berühmt? Wenn ja, auf welche Weise?
3. Legen Sie sich vor einem Telefonat einen Text zurecht? Wenn ja, aus welchem Grund?
4. Was macht in Ihren Augen einen perfekten Tag aus?

5. Wann haben Sie das letzte Mal für sich allein gesungen? Und wann haben Sie das letzte Mal für jemand anderen gesungen?

6. Wenn Sie 90 Jahre alt werden würden und für die letzten 60 Jahre Ihres Lebens die Wahl hätten, entweder den Körper oder den Geist eines 30-Jährigen zu behalten, was würden Sie wählen?

7. Haben Sie eine Vorstellung von Ihrem Tod?

8. Zählen Sie drei Dinge auf, die Sie und Ihr Gesprächspartner gemeinsam haben.

9. Wofür sind Sie in Ihrem Leben am dankbarsten?

10. Wenn Sie irgendetwas an der Art und Weise, wie Sie aufgewachsen sind, ändern könnten, was wäre das?

11. Erzählen Sie Ihre Lebensgeschichte so detailliert wie möglich, aber in nicht länger als vier Minuten.

12. Wenn Sie von heute auf morgen eine Eigenschaft oder Fähigkeit erwerben könnten, welche würden Sie wählen?

Gruppe zwei

13. Wenn Sie eine Kristallkugel bekämen, die Ihnen die Wahrheit über Ihr Leben, sich selbst, Ihre Zukunft oder was auch immer zeigen könnte, was würden Sie am liebsten wissen wollen?

14. Gibt es etwas, von dem Sie schon lange träumen, das Sie aber noch nie getan haben? Warum haben Sie es noch nicht getan?

15. Was würden Sie sagen, ist die größte Leistung in Ihrem Leben?

16. Welche Eigenschaften und Verhaltensweisen schätzen Sie in einer Freundschaft am meisten?

17. Sprechen Sie über Ihre wertvollste Erinnerung.
18. Erzählen Sie jetzt von Ihrer schlimmsten Erinnerung.
19. Wenn Sie wüssten, dass Sie in einem Jahr plötzlich sterben würden, würden Sie etwas in Ihrem jetzigen Leben verändern? Was wäre das und warum?
20. Beschreiben Sie, was Freundschaft für Sie bedeutet.
21. Wie wichtig sind Liebe und Zuneigung für Sie? Welche Rolle spielen sie in Ihrem Leben?
22. Erzählen Sie abwechselnd eine positive Eigenschaft über den jeweils anderen. Jeder Partner sollte fünf Dinge aufzählen, insgesamt also zehn.
23. Wie nahe steht sich Ihre Familie? Sind Sie herzlich zueinander? Glauben Sie, dass Ihre Kindheit glücklicher war, als das im Durchschnitt der Fall ist?
24. Wie ist Ihre Beziehung zu Ihrer Mutter? Wie fühlt sie sich an?

Gruppe drei

25. Tauschen Sie abwechselnd drei Aussagen aus, die jeweils mit „wir" beginnen. Zum Beispiel: „Wir sind in diesem Raum und fühlen ..."
26. Vervollständigen Sie diesen Satz: „Ich wünschte, ich hätte jemanden, mit dem ich ... teilen könnte."
27. Wenn Sie und Ihr Gesprächspartner enge Freunde werden würden, worüber sollte er oder sie Bescheid wissen?
28. Sagen Sie Ihrem Gesprächspartner ehrlich, was Sie an ihm mögen. Versuchen Sie dieses Mal,

etwas mitzuteilen, das Sie normalerweise nicht zu jemandem sagen würden, den Sie gerade erst kennengelernt haben.

29. Sprechen Sie über einen der peinlichsten Momente in Ihrem Leben.

30. Wann haben Sie das letzte Mal in Gegenwart einer anderen Person geweint? Wann haben Sie das letzte Mal geweint, als Sie allein waren?

31. Teilen Sie etwas mit, das Sie bereits an Ihrem Gesprächspartner mögen.

32. Worüber sollte man Ihrer Meinung nach nicht scherzen?

33. Wenn Sie heute Nacht sterben würden, ohne die Möglichkeit, mit jemandem zu kommunizieren, was würden Sie am meisten bedauern, jemandem nicht gesagt zu haben? Warum haben Sie es der Person noch nicht gesagt?

34. Ihr Haus, in dem sich alles befindet, was Sie besitzen, fängt Feuer. Sie haben Ihre Lieben und Haustiere gerettet, und jetzt haben Sie nur noch Zeit, einen weiteren Gegenstand zu retten. Was würden Sie retten? Und warum?

35. Von allen Menschen in Ihrer Familie, wessen Tod hat Sie am meisten bestürzt und getroffen? Warum?

36. Teilen Sie Ihrem Gesprächspartner ein persönliches Problem mit und bitten Sie ihn um Rat, wie er damit umgehen würde. Danach sollte der Gesprächspartner, der den Rat angeboten hat, reflektieren, wie sich der Fragende bezüglich des gewählten Problems zu fühlen scheint.

Acht lustige Paar-Aktivitäten, die Sie zusammenschweißen

Letzten Endes liegt das Geheimnis der Bindungspflege darin, Ihre Komfortzone zu verlassen und Ihrem Partner Ihre volle Aufmerksamkeit zu schenken. Dies können Sie auf jede Art und Weise tun, aber ich empfehle Ihnen, mit den folgenden hochwirksamen Methoden zu beginnen, die dafür bekannt sind, Bindungen sofort zu stärken.

1 Einander massieren

Dieser höchst sinnliche Akt heizt nicht nur die Stimmung an, sondern fordert jeden Partner auf, sich für ein paar Momente mit Wohlwollen dem geliebten Menschen hinzugeben. Für die Dauer einer jeden Massage gibt man seinem Partner alles, ohne etwas dafür zurückzubekommen. Sie konzentrieren sich ganz auf den Genuss ihres Partners und sind nur damit beschäftigt, ihm durch die Kraft der Berührung ein angenehmes Erlebnis zu verschaffen. Die Menschen sind so sehr daran gewöhnt, körperliche Intimität und Berührungen immer in Verbindung mit Sex zu erleben, dass es ungemein aufregend sein kann, beides ohne sexuellen Kontext zu erfahren. Diese Nähe durch nichtsexuelle Berührung ist das, was die Bindung schafft. Um das beste Ergebnis zu erzielen, sollten sich beide Partner abwechseln und jede Massage sollte gleich lang dauern.

2 Tanzen gehen

Tanzen kommt dem Geschlechtsverkehr am nächsten, ohne dabei tatsächlich welchen zu haben! Aus diesem Grund kann Tanzen die Leidenschaft entfachen, aber auch unsere emotionale Verbindung befeuern. Es spielt keine Rolle, welche Sprache Sie sprechen oder aus welcher Kultur Sie kommen, Tanzen erzeugt Freude und löst Spannungen im Körper. Wenn wir mit unserem Partner tanzen, drücken wir uns aus, ohne dabei ein Wort verlieren zu müssen. Der Akt der Bewegung im Einklang und im gleichen Rhythmus ist eine partnerschaftliche Übung und kann ein wunderbares Symbol dafür sein, einander in Harmonie zu lieben. Wenn Sie und Ihr Partner eher schüchtern sind, warum nehmen Sie nicht vorher ein oder zwei Drinks, um sich zu öffnen?

3 Gemeinsam trainieren

Ob Sie es glauben oder nicht, zahlreiche Studien haben bewiesen, dass gemeinsames Training mit Ihrem Partner das allgemeine Glück in Ihrer Beziehung steigert. Forscher haben herausgefunden, dass dies besonders für Übungen gilt, bei denen sich beide Partner aufraffen und sich gemeinsam bewegen müssen. Bindung findet auf einer unterbewussten Ebene statt, wenn wir uns auf den Spiegeleffekt einlassen. Dies ist der neurologische Prozess, der zur Bindung führt und sich in gespiegelten Bewegungen manifestiert. Indem wir unsere Handlungen koordinieren oder die Bewegungen des anderen spiegeln, feuern wir Spiegelneuronen ab und vertiefen so unsere Bindung.

Und das ist noch nicht alles! Studien haben auch herausgefunden, dass das Training mit einem Partner zu verbesserten Trainingsleistungen führt. Wenn jemand zuschaut, sind wir eher bereit, uns mehr anzustrengen, um nicht schwach zu wirken. Sich stärker binden und heißer werden: Klingt das nicht nach einer großartigen Idee?

4 Gehen Sie auf ein ausgefallenes Date

Der Grund, warum ausgefallene Dates einen so positiven Effekt haben, ist einfach: Sie holen uns aus unserer Routine heraus und zwingen uns dazu, uns für unseren Partner herauszuputzen. Es ist kein Geheimnis, dass unser Partner uns attraktiver findet, wenn wir uns um uns und unser Aussehen kümmern. Dazu eine aufregende Umgebung, an die Sie nicht gewöhnt sind, und *voilà*, Sie haben begonnen, sich neu miteinander zu verbinden. Wenn Ihre Beziehung begonnen hat, sich zu bequem anzufühlen, dann erwägen Sie, Ihren Partner in ein nettes Restaurant auszuführen. Die Förmlichkeit eines schicken Dates bietet eine erfrischende Abwechslung gegenüber dem Herumlungern in Jogginghosen und kann eine langweilige Beziehung sofort aufpeppen.

5 Besuchen Sie den Ort eines Ihrer „ersten Male"

Jedes Paar hat eine einzigartige Liebesgeschichte. Auch wenn es nicht Liebe auf den ersten Blick war oder Sie einen unkonventionellen Start hatten, kann es schön sein, ab und zu einen Spaziergang in die Vergangenheit zu machen. Warum nicht den Ort besuchen, an dem Sie sich kennengelernt haben oder an dem Sie sich zum ersten Mal geküsst haben? Unsere Schritte zurückzuverfolgen kann uns daran erinnern, wie weit wir mit unserem Partner gekommen sind. Wenn Sie dies gemeinsam tun, erleben Sie für einen Moment wieder den Rausch und die Schmetterlinge im Bauch; Orte, die mit starken Erinnerungen verbunden sind, schicken uns unweigerlich zurück in die Vergangenheit. Genießen Sie diese Erinnerungen miteinander und genießen Sie die Schönheit Ihrer einmaligen Geschichte, auch wenn sie nicht perfekt war. Erinnern Sie sich daran, dass Sie einst hofften, dort anzukommen, wo sie sich nun befinden.

6 Gemeinsam einen Ausflug machen

Eine Studie der U.S. Travel Association hat ergeben, dass Paare, die gemeinsam verreisen, in ihrer Beziehung wesentlich zufriedener sind als solche, die das nicht tun. Dennoch zögern viele Paare, eine Reise zu unternehmen, weil sie davon überzeugt sind, dass dies zu einem leeren Bankkonto führen wird. Das entspricht jedoch nicht der Wahrheit.

Um die Vorteile des Reisens zu erleben, müssen Paare nur ihre Komfortzone verlassen (nicht nur psychologisch, sondern auch geografisch!) und etwas Neues und Aufregendes sehen. Wenn Sie das Budget dafür haben, können Sie nach Bali oder in die Karibik fliegen, aber Sie können genauso viel Spaß haben, wenn Sie einen Roadtrip in ein anderes europäisches Land machen. Besuchen Sie einen Nationalpark und übernachten Sie in einem Zwei- oder Dreisternehotel oder einer einfachen Frühstückspension. Gehen Sie raus in die Natur. Tun Sie etwas, was Sie normalerweise nicht tun. Dieser Tapetenwechsel kann eine dringend benötigte Pause von Ihrer starren Routine bieten und Sie werden feststellen, dass sich Ihre Bindung auf natürliche Weise vertieft, wenn Sie gemeinsam die weite Welt erleben.

7 Besuchen Sie einen Vergnügungspark

Auch, wenn Sie erwachsen sind: Seien wir ehrlich, Vergnügungsparks sind unglaublich lustig. Wenn Sie keine lähmende Höhenangst haben, machen Sie eine Pause von Ihrer Routine und verbringen Sie mit Ihrem Partner einen Tag im Vergnügungspark. Ihre Beziehung wird eine Reihe von Vorteilen erfahren. Zunächst einmal werden aufregende Fahrten Ihnen einen Ansturm von Endorphinen bescheren, was bedeutet, dass Sie sich von glücklichen Gefühlen und einem natürlichen Hochgefühl überwältigt fühlen werden. Außerdem werden Sie mit Adrenalin vollgepumpt, einem Neurotransmitter, der dafür bekannt ist, im Kopf Erinnerungen zu erzeugen. Das bedeutet, dass der wunderbare Tag, den Sie hatten, in Ihrem Gedächtnis als glückliche Erinnerung verankert wird. Da Sie und Ihr Partner sich in angstauslösende Situationen begeben, werden Sie sich aneinander binden, da Sie beide Trost und Wärme beim jeweils anderen suchen.

8 Gemeinsam kochen

Wenn Sie ein kleines Budget haben, ist gemeinsames Kochen eine großartige Möglichkeit, die Bindung zu vertiefen und gleichzeitig den Bauch zu füllen. Beim Kochen müssen beide Partner kooperieren und auf ein gemeinsames Ziel hinarbeiten – genau das, worauf es in einer erfolgreichen Beziehung ankommt! Dies ist eine großartige Übung, um die richtige Einstellung zur Problemlösung und Teamarbeit zu bekommen. Jeder Partner leistet seinen Beitrag und der Prozess fordert beide Partner heraus, an einem Strang zu ziehen, sonst leidet die gesamte Mahlzeit.

Ein Kochprojekt lehrt uns Fähigkeiten, die wir in den Rest unserer Beziehung einbringen müssen. Und obendrein schweißt es uns zusammen, weil wir gemeinsam etwas erschaffen. Wir vereinen unsere Anstrengungen für ein greifbares Endprodukt. Wenn es ihnen gelingt, eine köstliche Mahlzeit zuzubereiten, können sich Paare über den gemeinsamen Stolz miteinander verbinden. Sie werden wahrscheinlich das Gefühl haben, dass sie als Team alles schaffen können. Aber diejenigen, denen es nicht gelingt, sollten sich nicht entmutigt fühlen. Das ist keine Kritik an Ihrer Beziehung; vielleicht brauchen Sie einfach nur mehr Übung im Kochen!

Blättern Sie durch Koch-Websites oder Rezeptbücher und entscheiden Sie sich für ein Gericht, das Sie gerne nachkochen würden. Dies sollte etwas sein, das Sie beide lieben. Wenn Sie keine erfahrenen Köche sind, wählen Sie ein Gericht mit einer einfachen Anleitung, die Sie verstehen, und stellen Sie sicher, dass Sie alle notwendigen Geräte besitzen.

Selbst die engsten Paare brauchen eine Auszeit, um ihre Bindung zu vertiefen. Das heißt nicht, dass sie nicht schon tief ist, es geht darum, sich die Hand zu reichen und sich wieder miteinander zu verbinden, um sich daran zu erinnern, warum Sie zusammen sind. Zeit und Routine können uns zermürben; suchen Sie nach Momenten der Intimität, um Ihre Bindung zu stärken. Wenn wir aus einer tiefen Verbundenheit heraus handeln, wird die Kommunikation in einer Beziehung liebevoller und effektiver.

Halten Sie Ihr Herz offen und seien Sie mutig genug, Ihre Komfortzone zu verlassen, um das Bedürfnis des anderen nach Abenteuer und Abwechslung zu erfüllen. Anstatt in einer unsicheren Situation sinnlos Panik zu schieben, wandeln Sie dieses Gefühl in den Wunsch um, mit Ihrem Partner eine Lösung zu finden. Gehen Sie das Leben mit der Einstellung an, dass Sie gemeinsam alles schaffen und jedes Bedürfnis erfüllen können, wenn Sie mit Herz und Verstand zusammenarbeiten.

Schlussbemerkung

S ie sind am Ende des Ratgebers angelangt. Ob Sie es ihnen bewusst ist oder nicht, Sie haben einen großen Schritt in die richtige Richtung gemacht. Das ist nicht nur für Sie fantastisch, sondern auch für Ihren Partner. Sie beide werden die positiven Veränderungen erkennen, die sich auf Ihre täglichen Gewohnheiten auswirken, und wenn Sie diese Techniken weiterhin praktizieren, werden Sie die Tage der angespannten Kommunikation als vergangen erachten. Mit dem Lesen dieses Buches haben Sie Ihr Engagement für eine effektivere und liebevollere Kommunikation bewiesen – und nichts Besseres können Sie für die Person, die Sie lieben, tun. Sie sind auf dem richtigen Weg zu einer stärkeren Beziehung. Sie sollten stolz auf sich sein!

Obwohl Sie einen großen ersten Schritt gemacht haben, ist es wichtig, dass Sie jetzt nicht aufgeben. Beziehungskommunikation ist eine fortlaufende Reise; Sie haben die Mittel und Techniken erhalten, aber jetzt ist es an der Zeit, diese in realen Situationen, in der realen Welt, anzuwenden. Machen Sie dies nicht zu einem kurzlebigen Versuch, sondern integrieren Sie die transformativen Praktiken dauerhaft in Ihr tägliches Leben. Erfinden Sie Ihre Normen völlig neu und schaffen Sie vorbildliche Gewohnheiten.

Vergewissern Sie sich, dass Sie die fünf wichtigsten Bedürfnisse verstehen, die Ihre Beziehung erfüllen muss, damit beide Partner glücklich sind. Vielleicht arbeiten Sie gemeinsam mit Ihrem Partner daran, herauszufinden, welche Ihrer Bedürfnisse bereits vollständig erfüllt und welche noch unerfüllt sind. Dies ist ein wesentlicher Schritt, den Sie gehen sollten, bevor Sie eine Lösung finden. Sobald Sie dies getan haben, bewerten Sie Ihre Situation und versuchen Sie herauszufinden, in welchem Stadium sich Ihre Beziehung befindet. Dies wird Ihnen helfen, die aktuelle Situation besser zu verstehen, und ebenso hilfreich ist es dabei, Ihnen zu zeigen, was noch auf Sie zukommt.

Ich hoffe sehr, dass Sie im zweiten Kapitel ehrlich zu sich selbst waren. Schämen Sie sich nicht, zuzugeben, dass Ihre Beziehung ein Problem hat. Schließlich *müssen* wir das tun, bevor wir anfangen können, positive Veränderungen vorzunehmen. Hoffentlich haben Sie den Grund dafür identifiziert, dass die Kommunikation nicht so gut funktionierte, und Sie sind sich endlich der Fehler bewusst geworden, die Sie bislang gemacht haben. Aber natürlich sollten Sie sich nicht nur mit diesen Problemen aufhalten. Wie ich bereits erwähnt habe, müssen Sie anfangen, bessere Gewohnheiten zu schaffen. Sie haben alles über die Gewohnheiten gelernt, die Beziehungen retten. Beginnen Sie nun, diese zu nutzen!

Sie haben sich in die vielen Möglichkeiten vertieft, wie wir Liebe ausdrücken und empfangen können. Sobald Sie herausgefunden haben, was die Liebessprache Ihres Partners ist, versuchen Sie, sich kreative Methoden auszudenken, um ihm zu zeigen, wie sehr Sie ihn lieben. Ich empfehle sogar, den betreffenden Abschnitt mit ihm durchzugehen, damit auch Sie Ihre Liebessprache kundtun können. Wenn

Paare die Liebessprache des jeweils anderen gut verstehen, gibt es viel weniger Missverständnisse. Plötzlich sind beide Partner auf der gleichen Wellenlänge. Sie können sich einfach auf den Austausch von Liebe konzentrieren, ohne die ganze Verwirrung, die der Versuch, einander zu verstehen, mit sich bringt.

Während gute Gewohnheiten sicherlich hilfreich sind, müssen die beiden Menschen, die den Kern der Beziehung bilden, gesunde Hälften des Ganzen sein, damit es wirklich funktioniert. Um eine großartige Partnerschaft zu formen und ein guter Partner zu sein, ist es notwendig, dass wir lernen, emotional gesunde Individuen zu sein. Wir werden nicht perfekt, sobald wir eine Beziehung eingehen; all das emotionale Gepäck und die Traumata, die wir vorher erlebt haben, begleiten uns! Wenn wir nicht aufpassen, können Verletzungen aus der Vergangenheit in unsere Kommunikationsgewohnheiten einsickern und sie negativ prägen. Mit den neuen Mitteln, die Sie erhalten haben, können Sie Ihre ganze Energie darauf konzentrieren, ein besserer Partner zu werden. Sie können endlich damit beginnen, die Vergangenheit hinter sich zu lassen. Versuchen Sie, Ihrem Partner zu helfen, dasselbe zu tun. Letzten Endes sollten Sie sicherstellen, dass Sie die Bedürfnisse des anderen erfüllen – nicht nur die fünf Grundbedürfnisse, sondern auch die einzigartigen Bedürfnisse, die mit seiner Persönlichkeit einhergehen.

Behandeln Sie jede heikle Situation mit Sorgfalt. Erkennen Sie, wann Sie es mit einer tickenden Zeitbombe zu tun haben, und greifen Sie auf das entsprechende Kapitel zurück, um die Techniken zu erlernen, die Sie bei schwierigen

Gesprächen benötigen. Wenn Sie diesen Leitfaden genau befolgen, stellen Sie sicher, dass Sie auch durch die rauen Stürme hindurch immer über Wasser bleiben. Eine Beziehung befindet sich nicht immer in ruhigem Fahrwasser, aber mit diesen wichtigen Werkzeugen können Sie den Weg gut bestreiten und das Beste aus der Reise machen. Wenn wir mit diesen Situationen richtig umgehen, werden sie zu Gelegenheiten für tiefere Intimität. Sie werden zu offenen Türen anstelle von Mauern und Sackgassen.

Beziehungskommunikation ist für niemanden selbstverständlich; sie erfordert immer Arbeit, Engagement und unglaubliche Selbstdisziplin. Es ist eine Entscheidung, die liebende Partner jeden Tag füreinander treffen, und diejenigen, die sich die Mühe machen, ernten Belohnungen, die sich andere kaum vorstellen können. Bleiben Sie selbstbewusst und tun Sie, was Sie können, um Ihre Bindung zu vertiefen. Selbst Menschen, die sich außergewöhnlich nahe stehen, müssen Zeit finden, um ihre Verbindung zu pflegen. Lassen Sie die Liebe, die Sie durch die Lektionen in diesem Buch fördern, von nun an jede Interaktion bestimmen. Ich habe Ihnen den wundervollen Weg gezeigt, der vor Ihnen liegt, nun ist es an Ihnen und Ihrem Partner, ihn gemeinsam zu gehen.

Quellen und weiterführende Literatur

Bernhardt, D. (2019). *Raus aus dem Beziehungs-Burnout: Erst ich, dann du, dann die Liebe – endlich wieder glücklich sein - Mit persönlichem Test für den schnellen Erfolg* (Originalausgabe Aufl.). Ariston.

Haintz, M. (2020). *Beziehung verbessern und noch mehr Liebe leben.* Beltz Verlag.

Holzberg, O. (2019). *Schlüsselsätze der Liebe: 50 kluge Gedanken, die Ihre Beziehung verbessern können (Taschenbücher)* (4. Aufl.). DuMont Buchverlag GmbH & Co. KG.

Kuntze, H. (2018). *Lieben heißt wollen: Wie Beziehung gelingen kann, wenn wir Freiheit ganz neu denken* (4. Aufl.). Kösel-Verlag.

Lichtenberg, E., Steindorff, V. & Maneki, T. (2021). *Lass uns reden! Aber richtig!: Die Kunst der ganzheitlichen Kommunikation in der Partnerschaft.* TenBook®.

Mitterweger, L. (2018). *Kommunikation in der Beziehung: Das Workbook* (1. Aufl.). Books on Demand.

Pásztor, S. & Gens, K. (2008). *Ich höre was, das du nicht sagst: Gewaltfreie Kommunikation in Beziehungen* (4. Aufl.). Junfermann Verlag.

Rosenberg, M. B. & Quast, P. (2019). *Liebe leben - Tag für Tag: Gewaltfreie Kommunikation in Familien und Beziehungen* (1. Aufl.). Junfermann Verlag.

Unger, S. (2007). *Der Beziehungscode: Charakterstrukturen erkennen, Muster verändern, Beziehungen verbessern.* Knaur TB.

Volger, I. & Merbach, M. (2010). *Die Beziehung verbessern: Beratung von Paaren, die unter ihrer Kommunikation leiden (Taglich Leben - Beratung Und Seelsorge)* (1. Aufl.). Vandenhoeck & Ruprecht.